**Aspectos Jurídicos
do Ambiente Empresarial
Brasileiro**

Aspectos Jurídicos do Ambiente Empresarial Brasileiro

2018

André Antunes Soares de Camargo

ASPECTOS JURÍDICOS DO AMBIENTE EMPRESARIAL BRASILEIRO
© Almedina, 2018

AUTOR: André Antunes Soares de Camargo
DIAGRAMAÇÃO: Almedina
DESIGN DE CAPA: FBA
ISBN: 978-85-8493-283-2

Dados Internacionais de Catalogação na Publicação (CIP)
(Câmara Brasileira do Livro, SP, Brasil)

Camargo, André Antunes Soares de
Aspectos jurídicos do ambiente empresarial
brasileiro / André Antunes Soares de Camargo. –
São Paulo : Almedina, 2018.

Bibliografia.
ISBN 978-85-8493-283-2

1. Direito ambiental empresarial 2. Direito
ambiental empresarial - Brasil I. Título.

18-16449	CDU-34:502.7

Índices para catálogo sistemático:
1. Brasil : Direito ambiental empresarial 34:502.7
Cibele Maria Dias - Bibliotecária - CRB-8/9427

Este livro segue as regras do novo Acordo Ortográfico da Língua Portuguesa (1990).

Todos os direitos reservados. Nenhuma parte deste livro, protegido por copyright, pode ser reproduzida, armazenada ou transmitida de alguma forma ou por algum meio, seja eletrônico ou mecânico, inclusive fotocópia, gravação ou qualquer sistema de armazenagem de informações, sem a permissão expressa e por escrito da editora.

Junho, 2018

EDITORA: Almedina Brasil
Rua José Maria Lisboa, 860, Conj.131 e 132, CEP: 01423-001 São Paulo | Brasil
editora@almedina.com.br
www.almedina.com.br

AGRADECIMENTOS

Um dos valores que mais admiro é a gratidão, razão pela qual, desde já, me desculpo formalmente com aqueles não lembrados nominalmente nestes agradecimentos. Meu "muito obrigado" a todos que, direta e indiretamente, me ajudaram a chegar no resultado final deste livro, após três anos desde a sua idealização, em especial:

- à Universidade de St. Gallen, na Suíça (nas pessoas dos Professores Peter Sester, Markus Müller-Chen e Anne van Aaken e de Mariana Castro, Bianca Kremer, Katrin Krehan, Nathalie Peterer, Dario Buschor, Linus Zweifel e Stephanie Buschta), que me recebeu durante os meses de janeiro a abril de 2018 na qualidade de "visiting professor in business law", pós-doutoramento nas áreas de governança corporativa, direito e empreendedorismo, experiência inesquecível que contribuiu significativamente para a finalização deste livro;
- ao Insper, onde trabalho com muito orgulho como professor e coordenador há 16 anos, sempre buscando valorizar o papel do Direito para todos os profissionais, independentemente da sua formação. No Insper, buscamos sempre romper com a tradicional visão jurídica autocentrada, para que ela possa constantemente agregar valor, ser estratégica e colaborar para que tenhamos melhores organizações e instituições;
- à Editora Almedina Brasil, fiel parceira com quem publico este meu segundo livro e com quem nutro um relacionamento profissional e pessoal excelente desde a sua vinda ao Brasil. A maior editora em

língua portuguesa do mundo realmente faz a diferença e é uma honra ser seu autor;

- aos meus mais de oito mil alunos que tive em mais de 16 anos de docência em cursos de graduação, pós-graduação, educação executiva (cursos abertos e customizados), no Brasil e no exterior, presenciais e à distância em diversas instituições de ensino. Não acreditei quando fiz a contagem nessa rápida retrospectiva. Aprendi e aprendo demais com vocês, muito mais do que pude ensinar, "segredo universal" que todo docente teme revelar publicamente, mas que é a pura verdade e o que mais nos motiva a estar em sala de aula;
- a todos que me ajudaram com materiais e opiniões (e também com críticas construtivas) sobre o livro, em especial os Professores Rodrigo Rebouças, Valdir Pereira, Evandro Pontes e Luciano Timm, além dos competentíssimos colaboradores da Biblioteca Telles do Insper;
- aos meus pais e irmãos, que sempre estão ao meu lado e me motivam a correr atrás dos meus sonhos;
- aos meus filhos Thiago e Laís, que hoje estão aí no mundo me dando um orgulho danado em tudo que fazem, descobrem, em tudo que conquistam e me ensinam. Os filhos são os melhores professores que um professor pode ter em sua grande sala de aula que é a vida; e
- à minha esposa Rafaela, um presente que Deus me deu e que me ajuda a enfrentar todos os desafios possíveis e imagináveis, me apoiando diuturnamente com palavras, sorrisos e gestos, sempre positiva, sempre guerreira, sempre companheira, me ensinando a cada dia o verdadeiro significado do que é o amor. Hoje consigo te explicar o porquê de tantos livros na nossa biblioteca de casa...

Divido todos os eventuais méritos e assumo todas as prováveis imperfeições que este trabalho ainda deva conter. Mais uma vez, senhoras e senhores, muito obrigado a todos e uma excelente leitura!

APRESENTAÇÃO

Foi com muita alegria que recebemos o honroso convite de apresentar a obra do Prof. André.

Por caminhos diferentes, acabamos tomando conhecimento do seu trabalho acadêmico dentro do Insper e fora dele.

O Professor André coordena por longos anos a Pós-Graduação em Direito do Insper, além de contribuir de maneira exemplar para o ensino do Direito a alunos da Graduação em Administração da mesma instituição.

Seu doutorado, apresentado na USP, consolidou seu pensamento jurídico, mas sem jamais perder os *insights* econômicos, sobretudo de *Law and Economics* e de gestão de empresas, resultados de sua longa interação com o mundo dos negócios. Esses traços estão fortemente caracterizados nesta presente obra.

A sua anterior prática jurídica em um grande escritório de advocacia permitiu-lhe conhecer os problemas dos agentes econômicos e como o sistema jurídico pode ser utilizado para resolvê-los, ou quem sabe, infelizmente, para aumentá-los.

Mas, talvez, tenho sido sua didática em sala de aula o elemento que mais nos chamou a atenção, quem sabe pela combinação de todos esses fatores anteriormente mencionados (qualidade jurídica, *insights* da visão do mundo empresarial, da análise econômica do direito e *praxis*). Por diversas vezes, o prof. André foi homenageado por alunos de Administração, indicando sua grande habilidade em traduzir o mundo do Direito a um público normalmente refratário, tarefa essa absolutamente não-trivial.

Essa obra então revela a consolidação evolutiva de todos esses pilares, ao trazer-nos, em linguagem não bacharelesca os principais institutos (ou instituições jurídicas) que conformam o ambiente empresarial brasileiro, podendo, em razão disso, ser lido por diversos profissionais que atuam nesse ambiente.

Com isso, não se quer dizer que o texto perca em precisão. Ao contrário, o autor não se esconde em uma linguagem ultrapassada, quase codificada em sinais exclusivamente reconhecidos por bacharéis em Direito.

Também a concisão é uma característica da obra, oferecendo um perfeito panorama do sistema legal brasileiro, no que tange à organização da atividade empresarial.

Novamente aqui necessitamos ressaltar que concisão não implica falta de profundidade, uma vez que os principais pontos de cada um dos temas foram esgotados. Vale dizer, não há pergunta sem resposta nessa obra, no que diz respeito à compreensão dos elementos principais da regulação da atividade empresarial, indo desde o direito do consumidor, passando pelo registro e funcionamento da empresa, sua propriedade intelectual, a tributação, as relações contratuais (comerciais e trabalhistas), chegando até a extinção da empresa.

Ousaríamos dizer que é a primeira obra com esse objetivo de descrever a vida e o funcionamento da empresa pela ótica do Direito, mas valendo-se de uma linguagem direta e compreensível. E se não foi a primeira, certamente foi a empreitada mais bem-sucedida até aqui, tendo todas as virtudes para se tornar livro de cabeceira de empresários, executivos, formuladores de políticas públicas, e também livro texto de diversos cursos de direito para não advogados ou mesmo advogados que buscam informação em diversas áreas jurídicas. Ainda acreditamos que esta obra preenche um vácuo, onde, de um lado, estão os tradicionais manuais e doutrinas formulados para o público jurídico, com as suas impenetráveis barreiras a profissionais de outras áreas, que tanto precisam bem conhecer o mundo do Direito; e de outro, estão livros-texto dedicados somente aos não-juristas, normalmente simplórios no seu tratamento dos conceitos jurídicos. A presente obra, ao contrário, consegue bem servir o difícil mundo da interação interdisciplinar, que aliás, tem se tornado cada vez mais importante em todas as áreas das ciências sociais. O mundo contemporâneo, com suas cada vez mais complexas questões, exige profissionais que tenham forte capacidade de análise interdisciplinar aprofundada.

Por tudo isso, recomendamos vividamente a leitura dessa obra!

LUCIANA YEUNG

Mestre e Doutora em Economia
Professora do Insper
Ex-Presidente da ABDE (Associação Brasileira de Direito e Economia), 2016

LUCIANO BENETTI TIMM

Mestre e Doutor em Direito
Professor da FGVSP e UNISINOS
Ex-Presidente da ABDE, 2007 e 2017

PREFÁCIO

UM LIVRO PELO BRASIL MODERNO

Conheço André Antunes Soares de Camargo há bom tempo e nos últimos anos me acostumei a acompanhar suas inestimáveis contribuições aos debates da Comissão do Congresso do Instituto Brasileiro de Governança Corporativa – IBGC, que tive a honra de coordenar nas últimas três edições. Temos pensado juntos o temário do momento que tanto requer do instituto de referência em governança no país e no exterior, bem como temos compartilhado reflexões e posições sobre as dificuldades com que o empresário nacional se depara para empreender e para manter suas atividades em padrões razoáveis.

De partida, é de justiça ressaltar a especial dedicação que o autor aportou a esta obra. Foram três anos de envolvimento em sua produção, que culminaram com um período sabático de quatro meses, de janeiro a abril de 2018, cumprido na Universidade de St. Gallen, na Suíça. Nessa prestigiosa instituição, os professores Peter Sester e Anne van Aaken receberam André "visiting professor in business law", em um programa de pós-doutoramento nas áreas de governança corporativa e empreendedorismo. Esse investimento contribuiu significativamente para o refinamento e a finalização deste livro.

André de Camargo teve também especial suporte na instituição de ensino à qual dedica boa parte de seu tempo, o Insper, em São Paulo. Ele trabalha para o Insper há dezesseis anos e é notório seu esforço em buscar a valorização do papel do Direito para todos os profissionais, independentemente de sua formação. É da cultura do Insper buscar sempre romper com a tradicional visão jurídica autocentrada, para que uma visão mais arejada possa agregar valor, ser estratégica e colaborar para que tenhamos melhores organizações e instituições.

As experiências trazidas por seus alunos do Insper e de importantes instituições de ensino de diversos Estados brasileiros e até do exterior, muitos dos quais executivos de empresas médias e grandes ou aspirantes a tal condição profissional e estudantes de Direito, advogados e agentes estatais que enfrentam esse dialogo intrincado entre os mundos "jurídico" e "não jurídico", também contribuíram para compor os ensinamentos do livro. Afinal, foram dúvidas, relatos e expressões de perplexidade trazidos por mais de 8.000 alunos que o professor André atendeu, nesses dezesseis anos de exemplar trajetória acadêmica.

Este livro defende uma bandeira. Ele se presta à defesa de um ambiente empresarial mais seguro, previsível e íntegro, pois é justamente nesse terreno tão sutil e imaterial que reside uma das grandes dificuldades do empresariado que apenas pretende produzir, gerar empregos e obter ganhos proporcionais aos riscos que corre e aos esforços reservados à sua atividade. O noticiário econômico e, por vezes, até o policial, estão repletos de situações desagradáveis em que ficam evidentes distorções típicas do nosso modo de atuar, a exemplo de mão pesada nos processos de fiscalização de diversas atividades, dos inúmeros conflitos de jurisdição e do excesso de intervenções do Ministério Público – inclusive expondo os empresários a ações públicas – e sucessivas ameaças de ações criminais.

Existe no Brasil um duelo surdo entre o "Brasil antigo" e o "Brasil moderno". Ao Brasil arcaico interessa manter um sistema jurídico incompleto, dúbio e emperrado, pois essa condição favorece as mais inúmeras jogadas e manipulações – e disso tiram seu quinhão tanto agentes públicos quanto os interesses privados. Trata-se de algo parecido com uma maldição. Já o Brasil moderno, por seu lado, precisa de leis e regulamentos claros, límpidos e de aplicação ágil para que os agentes de boa-fé envolvidos em questões possam obter rápida e justa resolução.

É sempre bom rememorar o que pensam as mentes iluminadas. Muito recentemente, meu querido primo e eminente professor emérito da USP Celso Lafer repetiu a avaliação que lhe é costumeira de que "a incerteza jurídica vem traduzindo, na sua dinâmica atual, uma gradual substituição do governo das leis pelo imponderável do governo dos homens". Já o autor deste livro acredita, com toda propriedade, que o próprio sistema jurídico brasileiro parece imprevisível, com algumas regras que "pegam" (outras nem tanto) interpre-

PREFÁCIO

tações administrativas e judiciais mutáveis por critérios pouco claros. Isso cria uma série de custos e riscos adicionais a todo cidadão ou empresário ao tomar decisão que demande segurança jurídica. Se o Direito serve para permitir o exercício da nossa liberdade individual, além da construção de arranjos organizacionais entre pessoas, precisamos ter um mínimo de conhecimento sobre esse sistema de normas e confiar em que ele funcione minimamente.

Em contrapartida, o celebrado Arminio Fraga, ex-presidente do Banco Central do Brasil, costuma ponderar que, a esta altura, no Brasil, já se coleciona expressivo número de exemplos de autorregularão e de avanços em governança corporativa, todos eles oriundos do setor privado. O sonho de Arminio Fraga é esses exemplos edificantes criarem um efeito-demonstração e contribuírem para o aprimoramento do aparato legal. Em uma de suas manifestações, Fraga mencionou especificamente o fortalecimento da Comissão de Valores Mobiliários – CVM, a criação do Novo Mercado pela então Bovespa e dezenas de casos de avanços espontâneos em práticas de governança corporativa, com forte presença do IBGC nesse fenômeno.

Ele poderia adicionar a essa lista a experiência bem-sucedida do Conselho Nacional de Autorregulamentação Publicitária – Conar, que tem aplicado com rigor, após denúncias, seu poder de advertir anunciantes, de impor mudanças e até de tirar campanhas do ar, sem maiores fricções e sem a interferência de qualquer representante do Estado. Criado em 1980, o Conar é um dos instrumentos utilizados pelo consumidor brasileiro para ser ouvido pelas marcas e agências de publicidade que criam campanhas tidas como abusivas ou enganosas. Os processos são bem instruídos, andam de forma rápida, e têm aplicação sumária. O setor todo simplesmente acata o que o Conselho decide, por mais desagradável e onerosa que seja a decisão.

Também se poderia acrescentar a evolução das práticas de denúncias de irregularidades e corrupção a conselhos de administração instituídas por inúmeras companhias abertas que querem prevenir e reduzir o nível de corrupção interna nas empresas. Está certo que os canais de denúncia ganharam forte impulso após a edição de leis internacionais de aprimoramento do mercado de capitais. Mas chegar ao ponto de aceitar denúncias anônimas como fato gerador de processos depende somente da decisão dos empresários e executivos. É uma questão de cultura. É preciso acreditar na ideia. Tudo isso ocorre em paralelo ao avanço inequívoco dos mecanismos de compliance, que, por incrível que pareça, já chegaram até às companhias brasileiras de controle estatal.

Chegou a existir a expectativa de que essas iniciativas acabassem influenciando a melhoria da governança do setor público, e, de quebra, o aparato legal e a aplicação de leis e regulamentos. Mas, aparentemente, não foi o que aconteceu. Neste ponto, a lei anticorrupção, que já vem produzindo efeitos consideráveis, é uma elogiável exceção. Segundo Fraga, o Brasil ainda está devendo a si próprio uma forte mudança de cultura em que leis e regulamentos sejam melhor desenhados, sem a existência de distorções como a prevalência de leis artificialmente rígidas.

Quase ácido em suas críticas, André de Camargo situa que, em muitos ambientes, o Direito e o trabalho dos advogados e agentes da Justiça são vistos como "mal necessário". Segundo ele, a tarefa de operar com uma visão madura e íntegra não pode ser delegada ou terceirizada. E, demonstrando seu apego à eficácia da ação empresarial, afirma que "ter visão jurídica é um investimento pessoal seguro, (que) ajuda a estabelecer estratégias mais concretas, a antecipar problemas e a resolvê-los de formas menos traumáticas, aliando legalidade com eficiência, poder com responsabilidade, criatividade com limites, autonomia privada com interesse público/função social".

André de Camargo tem meu mais irrestrito apoio quando afirma preconizar um ambiente empresarial mais seguro, previsível e íntegro – o que, afinal, é o grande objetivo desta obra. O mundo da produção e das transações de todo tipo depende substancialmente de previsibilidade e segurança. O autor também tem meu apoio quando situa que é mandatório reduzir um pouco mais a distância que existe entre o mundo jurídico e seu verdadeiro usuário, o empresário, o executivo. Como ele diz e repete, segurança e previsibilidade só irão existir se os personagens dessa história se entenderem, confiarem uns nos outros, em ambiente regulatório no qual possam interagir com o menor custo de transação possível. Ao final, André, modestamente, diz esperar ter ajudado um pouco nesse sentido. Ajudou. E muito.

ROBERTO FALDINI

Empresário, formado em Administração de Empresas pela EAESP-FGV, com diversos cursos de especialização, inclusive o de Gestão Avançada na FDC Fundação Dom Cabral e no Insead-França. Foi executivo de grandes empresas, como Banco Safra e Metal Leve. Presidiu a Comissão de Valores Mobiliários (CVM). Integrou e integra diversos conselhos de administração de companhias privadas e de instituições e entidades. Foi cofundador do IBGC – Instituto Brasileiro de Governança Corporativa, onde coordena a Comissão do Congresso.

SUMÁRIO

INTRODUÇÃO – Desafiando os desafios	19

PARTE 1 – AMBIENTE EMPRESARIAL BRASILEIRO E A SUA REGULAÇÃO	29
1. Os números não mentem	30
2. A cultura empresarial brasileira	36
3. Insegurança jurídica no Brasil	39
4. As liberdades e limitações constitucionais do empreendedor	43
5. Setores regulados no Brasil	45
6. Judicialização e o ambiente de negócios	48

PARTE 2 – INÍCIO E ESTRUTURAÇÃO DAS ATIVIDADES	51
1. Protegendo o capital intelectual e os signos distintivos	52
2. Os principais "veículos" do empreendedor	55
a. Pessoas físicas	56
b. Pessoas jurídicas	58
i. Associações	58
ii. Fundações	60
iii. EIRELI	61
iv. Sociedades	62
1. Cooperativas	63
2. Limitadas	64
3. Anônimas	66
3. Governança tributária desde cedo e sempre	67
a. A tributação no Brasil	67
b. Sistema tributário nacional em síntese	69
c. A tributação dos pequenos e médios negócios	71
d. Os limites do planejamento tributário e a importância da governança tributária	74

PARTE 3 – OS PRINCIPAIS *STAKEHOLDERS* DA ATIVIDADE EMPRESARIAL — 77

1. O financiamento da atividade — 78
   - a. Capital Próprio — 78
   - b. Contratos Financeiros — 79
   - c. Fundos de Investimento — 80
   - d. Emissão de Dívida — 80
   - e. Mútuo *intercompany* — 82
   - f. Contratos de investimento coletivo — 83
2. A contratação da mão-de-obra — 84
   - a. Proteção ao trabalho no Brasil — 84
   - b. Administrador — 87
   - c. Prestador de serviços, empreiteiros, procuradores e representantes legais — 89
   - d. Terceirização — 92
3. Relacionamentos com consumidores — 95
   - a. Por que tanta proteção? — 95
   - b. Principais direitos e deveres — 98
   - c. Órgãos de proteção e defesa do consumidor — 101
   - d. Mas quando o consumidor não tem razão? — 102
4. Parceiros comerciais — 102
5. Contratando com o Estado — 105
   - a. Contratos administrativos e suas modalidades — 106
   - b. Parcerias Público-Privadas — 111
6. Convivendo com o meio ambiente — 112
   - a. A proteção constitucional — 113
   - b. Os princípios aplicáveis — 114

PARTE 4 – A EXPANSÃO DA ATIVIDADE EMPRESARIAL — 117

1. Contratos colaborativos — 118
   - a. Principais modalidades — 119
   - b. Principais riscos jurídicos envolvidos — 120
2. Governança corporativa — 123
   - a. Conceito e principais benefícios — 123
   - b. Custos e resistências — 125
   - c. Principais princípios — 126
   - d. Níveis de Governança Corporativa — 126
3. Mercado de capitais — 128
   - a. Principais princípios norteadores — 128
   - b. Valores Mobiliários — 129
   - c. Abertura e fechamento de capital — 130

SUMÁRIO

4. Estruturação grupal   132
  a. Vantagens ou oportunidades   133
  b. Desvantagens ou riscos   134
5. Operações societárias   135
6. Aspectos concorrenciais   138
  a. Comportamentos   139
  b. Concentrações   140

PARTE 5 – MOMENTOS DE CRISE OU DE OPORTUNIDADE?   143
1. Os fatos da vida e suas repercussões na atividade empresarial   145
2. As diversas formas de solução de controvérsias   149
  a. A solução judicial   149
  b. A solução arbitral   151
  c. A mediação   152
  d. A negociação   154
3. Crimes e fraudes empresariais   155
4. A empresa em crise   162

BREVES CONCLUSÕES – por um ambiente empresarial mais seguro, previsível e íntegro   167

REFERÊNCIAS   173

Introdução
Desafiando os desafios

"Direito é a realização ordenada e garantida do bem comum numa estrutura tridimensional bilateral atributiva, ou, de uma forma analítica: Direito é a ordenação heterônoma, coercível e bilateral atributiva das relações de convivência, segundo uma integração normativa de fatos segundo valores...

Direito é a concretização da ideia de justiça na pluridiversidade de seu dever ser histórico, tendo a pessoa como fonte de todos os valores"[1].

Uma das maiores omissões em Introduções de livros são os percalços, problemas, crises, renúncias, investimentos, obstáculos e demais desafios enfrentados durante o desenvolvimento do texto. Parece que eles brotam espontaneamente, como num "passe de mágicas", uma "inspiração divina". Normalmente, a Introdução tem foco na parte boa dessa experiência, o

---

[1] REALE, Miguel. **Lições preliminares de Direito**. 27ª ed. São Paulo: Saraiva (ebook), 2002, p. 115. Um dos primeiros conceitos ao qual somos apresentados em um curso de graduação em Direito é justamente a uma (tentativa de) definição do que é "Direito". Ficamos semanas, meses discutindo os atributos de sua definição, tamanha a sua importância para o profissional que vai militar na área jurídica. São inúmeras as teorias (a mencionada é a famosa teoria "tridimensional do Direito" do provavelmente maior jurista brasileiro do século XX), já introduzindo um vocabulário bem peculiar e técnico, complicando sobremaneira o entendimento de jovens com a média de dezessete anos de idade, muitos deles desprovidos de qualquer experiência profissional (muito menos de vida). Trata-se do conceito mais poderoso e difícil que professores de Direito tentam discutir em todas as suas aulas, independentemente do ramo em que atuam, em qualquer programa de ensino. Imaginem quando o aluno não tem formação em Direito!

que não se critica, até porque seria uma péssima estratégia de *marketing* afastar logo de cara o leitor do que virá pela frente. E, claro, não farei isso com a minha nova "amiga" ou "amigo", muito pelo contrário.

No entanto, após mais de três anos de amadurecimento, preparação, pesquisa e redação, este livro busca desafiar tudo o que eu vi e vivi (e ainda vejo e vivo) académica e profissionalmente nos últimos 20 anos no mundo do Direito. Resolvi não só me testar pessoalmente, como também enfrentar tudo o que me disseram ser difícil, complicado, árduo. "Mexeram com quem não se deve", como se diz na expressão popular. Vou tentar explicar um pouco esses vários desafios.

Primeiro. O maior desafio de um professor, acreditem, é ela ou ele explicar ao seu aluno a importância da sua matéria. Como fazer com que ela ou ele se interesse pelo que se propõe ensinar? Como estimular o seu aprendizado? Como trazer aquele conhecimento, que você pensa que sabe, que domina, para o campo de interesse do seu interlocutor? E se a aluna ou o aluno está cada vez mais jovem (ou você está cada vez mais velho, ou as duas coisas simultaneamente), com cada vez mais diversidade de pensamentos e opiniões, com uma concorrência crescente para termos a atenção do público com uma tecnologia dominadora dos meios de comunicação? Ensinar já foi mais fácil...[2]

Segundo. Lecionar Direito é uma tarefa mais árdua ainda, em especial nos dias atuais e em nosso país, no qual é comum se desconfiar da atuação de muitos advogados, agentes do Estado, bem como do funcionamento das instituições e das chamadas "regras do jogo". Como confiar então em um professor de Direito?[3] Será que ele vai nos ensinar o que está nos livros ou

---

[2] José Garcez Ghirardi aponta para uma "crise" no ensino nos dias de hoje, decorrente de uma série de transformações que levam a individualismos e a um descompromisso nos indivíduos, questão ética que afeta todas as instituições de ensino tradicionais. Para o autor, "...o impacto dessa ruptura pós-moderna afeta a todos nós – não só os jovens alunos, mas também os experientes docentes e gestores...". GHIRARDI, José Garcez. **Narciso em sala de aula – novas formas de subjetividade e seus desafios para o ensino**. São Paulo: FGV Direito SP, 2016, p. 85-86. Disponível em: http://direitosp.fgv.br/sites/direitosp.fgv.br/files/narciso-em-sala-de-aula.pdf. Acesso em: 04/02/2018.

[3] Em entrevista que demos ao Jornal Carta Forense em 2/3/2017, intitulada "O professor de Direito – 'bico' ou uma nova profissão?", tratamos sobre as dificuldades que o professor de Direito sofre em nosso país. Arriscamos a dizer que, nos dias atuais, ser docente na área do Direito em nosso país é um "ato heroico". Para muitos, tal ofício é um mero complemento de renda, uma satisfação pessoal, uma questão de status, uma forma de se atualizar. Poucos se dedicam à carreira, valendo-se da boa oratória ao invés da eficiente didática. A sociedade

os reais "macetes", os "pulos do gato" para resolvermos os problemas do dia a dia? Será que ele vai falar aquele "juridiquês" ou vai falar o idioma que o cliente, digo aluno quer ouvir?[4] Hoje o nosso desafio, acreditem, é imenso![5]-[6]

---

não valoriza esse papel devidamente atribuindo-lhes baixos salários e pouco reconhecimento social. As condições de trabalho são muitas vezes inadequadas, com muitas cobranças, mas pouco *feedback*. Será que o docente em Direito é um mero colaborador em uma organização ou alguém que vai formar profissionais que cuidarão das nossas organizações e instituições no futuro? Vide http://www.cartaforense.com.br/conteudo/entrevistas/o-professor-de-direito--bico-ou-uma-nova-profissao/17387, acesso em: 18/03/2018.

[4] Um dos problemas (e talvez preconceitos) que existe nessa relação com o "mundo jurídico" reside no fato que este funciona por um "modelo mental" muito próprio, que iremos tentar destrinchar neste livro. Além disso, nesse "mundo", como em qualquer ciência, utiliza-se um vocabulário próprio e muito rebuscado, dificultando a compreensão dos não especialistas. Tal "assimetria informacional" é claramente um dos desafios deste livro também, vide LAMOUNIER, Simon. **O império da lei: a visão dos advogados sobre a justiça brasileira**. São Paulo: Cia. Das Letras (ebook), 2016. Nesta obra, o autor destaca que o profissional do Direito atua na "antessala do poder político" (p. 23), tendo uma mentalidade que mescla tradicionalismo e conservadorismo (p. 33) e cuja imagem pública é invariavelmente desgastada e questionada, em especial a dos advogados (p. 35).

[5] Já em 1984, Ronald Gilson já se questionava se advogados empresariais agregavam valor de fato, listando uma série de críticas que a profissão já recebia há época. Para o autor, advogados funcionam como verdadeiros "engenheiros de custos de transação", com pelo menos os seguintes benefícios aos seus clientes: reduz custos regulatórios, atua como um intermediário reputacional, protege a confidencialidade dos seus clientes para melhor defende-los, cria economias de escala em sua atuação, além de minimizar custos pós-litígio com o exercício das alternativas jurídicas possíveis. GILSON, Ronald J. **Value Creation by business lawyers: legal skills and asset pricing**. Yale Law School, vol. 94, 1984, p. 239-311. Por outro lado, não podemos deixar de lembrar que os profissionais da área jurídica, em especial os advogados, recebem uma série de críticas e são esteriotipados no mundo todo, objeto de diversas "anedotas". Ex. BEHRMAN, Sid. **The Lawyer joke book**. EUA: Barnes & Nobles, 1991.

[6] Em estudo anterior, tratamos sobre os desafios de se ensinar Direito nos dias atuais. Podemos listar os seguintes problemas já mapeados que influenciam nessa empreitada: (a) baixa qualidade do ensino jurídico na maioria dos cursos de graduação e pós-graduação em Direito no país, salvo raras exceções; (b) pulverização dos meios de aprendizado sem o desenvolvimento de um metodologia específica que ajude o professor a bem emprega-los no processo de aprendizagem; (c) ensino jurídico permanece dogmático, centrado no professor; (d) programas que prestigiam conteúdo ao desenvolvimento de competências e habilidades dos alunos; (e) alunos desmotivados; e (f) falta de aplicação prática do conteúdo ministrado. Em um mundo cada vez mais incerto, complexo e multidisciplinar, devemos encarar o desafio de ensinar Direito nos dias atuais, que deve ajudar o estudante a diagnosticar problemas (nem sempre estruturados) e desenhar soluções inovadoras, com uma melhor compreensão do que está por detrás dos fatos sociais. Valorizar o ensino do Direito significa valorizar o papel do Direito como um todo, para que enfrente os desafios do futuro, reduzindo os custos

Terceiro. O leitor então imagina que escrever um livro como este seja talvez um ato de completa insanidade em pleno século XXI, ainda mais sobre Direito, assunto normalmente enfadonho para a grande maioria das pessoas, ainda mais para ambos os públicos: formados e não formados em Direito. Os livros e manuais da área são enormes, com linguagem rebuscada, escritos por juristas para juristas, despreocupados com os destinatários de seus serviços jurídicos, seus clientes. Reserva de mercado? Incapacidade de comunicação?[7] Algum tipo de preconceito nessa interação? Exercício incontrolável do ego?

Quarto. O próprio sistema jurídico brasileiro parece imprevisível, com algumas regras que "pegam" (outras nem tanto)[8], leis contraditórias, incompletas, confusas e obscuras, interpretações administrativas e judi-

---

de transação e de agência que a visa em sociedade nos impõe. Vide https://www.jota.info/carreira/o-desafio-de-ensinar-direito-nos-dias-atuais-24112017, acesso em: 18/03/2018.

[7] De acordo com Fabio Trubilhano e Antonio Henriques, a linguagem jurídica possui as seguintes características próprias: (a) correção (prima pela excelência da linguagem com a presença de uma linguagem mais clássica com o uso de voz passiva ou reflexiva, frases com ordem inversa, orações reduzidas, colocação pronominal multifacetada e pontuação em harmonia com as normas gramaticais); (b) estilo (formalista, com rigor gramatical e emprego de vocabulário técnico, notadamente pronomes de tratamento formais, títulos e adjetivos, verbos, complementos e demais conectores linguísticos específicos, além de uma elegância textual); (c) conservadorismo (com a presença de arcaísmos e latinismos na linguagem, por exemplo); (d) autoritarismo (discurso e brocardos jurídicos carregam essa vertente autoritária nas construções de suas orações); (e) precisão terminológica (utilização de termos precisos para exprimir fatos, valores e pensamentos com exatidão, clareza e rigor); (f) clareza (para evitar obscuridades, ambiguidades, incoerências e omissões na clareza textual); e (g) ritualização (discurso jurídico é marcado por padrões textuais que se repetem, tornando-se costumes e repetidos em linguagens contratuais e peças processuais, independentemente de precisão legal. Cf. TRUBILHANO, Fabio; HENRIQUES, Antonio. **Linguagem jurídica e argumentação – teoria e prática**. 5ª ed. São Paulo: Gen/Atlas, 2017, p. 19-32.

[8] Existe em nosso país uma norma (Lei Complementar nº 95, de 26/2/1998), que dispõe sobre a elaboração, redação e consolidação das leis no Brasil, infelizmente muito descumprida principalmente pelo nosso Poder Legislativo, que possui quatro princípios básicos listados em seu artigo 7º: (a) excetuadas as codificações, cada lei tratará de um único objeto; (b) a lei não conterá matéria estranha a seu objeto ou a este não vinculada por afinidade, pertinência ou conexão; (c) o âmbito de aplicação da lei será estabelecido de forma tão específica quanto o possibilite o conhecimento técnico ou científico da área respectiva; e (d) o mesmo assunto não poderá ser disciplinado por mais de uma lei, exceto quando a subseqüente se destine a complementar lei considerada básica, vinculando-se a esta por remissão expressa". Sobre o tema, vide DUARTE, Ricardo Quass. **Redação de leis**. Valor Econômico, 10, 11, 12, 13 e 14/2/2018, p. E2.

INTRODUÇÃO

ciais que mudam sem critérios muito claros, criando uma série de custos e riscos adicionais a todo e qualquer cidadão ou empresário que for tomar uma decisão para a qual precise de segurança jurídica. Se o Direito serve para permitir o exercício da nossa liberdade individual e a construção de arranjos organizacionais entre pessoas, precisamos ter um mínimo de conhecimento sobre esse sistema de normas e confiar que ele vai minimamente funcionar. Afinal, independentemente da assessoria jurídica que temos (ou com a qual podemos contar), todos nós somos, de fato, os primeiros "filtros jurídicos" das nossas decisões. Precisamos ter minimamente uma noção das principais regras que regulam a nossa vida em sociedade[9], aos temas que nos interessam e quando e como precisamos eventualmente de assessoria jurídica. Neste caso, quanto melhor soubermos fazer perguntas, escolher e contratar tal assessor[10], termos senso crítico nessa interação e avaliar as recomendações, tanto melhores, eficientes e eficazes serão as nossas decisões sob o ponto de vista jurídico.

Quinto. Impressionante como nós nos complicamos quando o assunto é gestão de tempo. Sempre nos falta tempo para projetos bacanas como este, sempre surge algum compromisso profissional urgente, sempre um fato da vida nos surpreende, sempre o coração nos prioriza, aprendemos o valor da família e da saúde também com o tempo. Mas a oportunidade chegou e resolvi enfrentar os desafios acima com a coragem e com a sua ajuda, afinal toda a obra é inacabada por natureza e vamos começar uma longa relação a partir de hoje. Deixe-me explicar como vamos trabalhar, para que você entenda a nossa estratégia metodológica.

A minha história com o Direito talvez explique um pouco este meu ato de "loucura". Tenho poucos advogados na família. Meu saudoso e querido

---

[9] Para mim, sinceramente, noções básicas de Direito deveriam compor o currículo obrigatório do ensino médio em nosso país, tamanha a sua importância para uma nação em desenvolvimento como o Brasil.

[10] Sobre o tema, vide JÚDICE, Lucas Pimenta. **7 erros jurídicos que *startups* cometem: e podem pagar caro por isso.** *in* JÚDICE, Lucas Pimenta (coord.). Direito das Startups – Vol. II. Curitiba: Juruá, 2017, p. 277-285. Seriam eles: não pensar na parte jurídica; contratar amigos/familiares advogados que não sejam especialistas na área; não discutir cláusulas entre os fundadores; achar que um modelo qualquer de contrato social é suficiente; ignorar o poder de uma sociedade em conta de participação; não discutir/implementar um contrato de *vesting* (condição de perda de cotas); e não pensar na propriedade intelectual. O autor adiciona um outro erro fatal que empreendedores podem cometer: seguir o que leu sem investigar os detalhes e os efeitos no seu caso concreto.

avô materno José foi o precursor, depois minha tia Maria do Carmo, seguida meu amado pai Antonio José, eu, minha prima Patrícia, e só, mas cada um em uma especialidade totalmente diferente. Desbravamos sozinhos e sem apadrinhamentos, fato lamentavelmente muito característico de muitos na nossa profissão e "câncer" incurável no nosso mercado jurídico. Ou seja, sofremos horrores para tentar entender essa misteriosa e encantadora ciência. Tive a grata oportunidade de viver outras culturas jurídicas fora do Brasil, trabalhar em escritórios de advocacia de pequeno, médio e grande portes, ter contato com importantes departamentos jurídicos, eminentes juristas e atuar como professor e coordenador geral do Insper, além de lecionar em algumas importantes instituições de ensino neste país. Ministrei aulas para formados em Direito e em outras áreas, sempre buscando explicar para que serve o Direito, ajudando as pessoas a se encantar por esse assunto maravilhoso que me traz ao leitor neste momento.

Foram inúmeros clientes, milhares de alunos, centenas de colegas professores, incontáveis companheiros da área administrativa em faculdades, diversos órgãos públicos, vários no exterior. Passamos por várias bibliotecas, conversamos com diversas pessoas e assistimos a diversas palestras, aulas e seminários pelo mundo. Lemos livros físicos e digitais de todos os tipos e qualidades. Sofremos com péssimas e vibramos com excelentes aulas. Não conseguimos nos desapaixonar do Direito, porque ele é, sem sombra de dúvidas, a ciência mais completa da Humanidade.

De forma bem resumida, o Direito possui ao menos três desafios incríveis que vamos tentar percorrer neste livro, que todos enfrentamos diuturnamente em nossas vidas pessoal, acadêmica e profissional, quais sejam:

a) Por que é tão importante que sejamos livres para determinar as nossas escolhas?

b) Por que o Estado deve, em determinadas situações, delimitar a nossa autonomia decisória, impondo sanções em caso de desobediência desses limites?

c) Por que essas regras podem variar no tempo, dependendo do tipo de relação e de determinadas circunstâncias específicas?

O Direito é riquíssimo, poderosíssimo, fundamental a todos, independentemente da sua formação, cara leitora, caro leitor. Não é nem deve ser um monopólio de quem é bacharel em Direito conhecer as regras jurídi-

INTRODUÇÃO

cas, muito pelo contrário. Trata-se de um importante diferencial para qualquer cidadão, profissional, empreendedor, investidor, tomador de decisão. Todos precisam conhecer seus direitos e deveres, saber os limites do que pode e não pode fazer, exercer a sua liberdade, empreender no seu limite máximo, potencial que gerará ganhos sociais incríveis. Todos devemos saber evitar e prever situações de responsabilização, precificando os riscos de nossas decisões. Assim, passaremos a encarar problemas mais complexos, proteger nossos recursos mais caros, sermos mais proativos em nossas atitudes, antecipando situações que possam ser custosas e destruidoras de valor para si próprios e socialmente[11]. Teremos, em todas as nossas relações, um verdadeiro "diferencial competitivo"[12].

Mas esse discurso todo pode esbarrar, concordo, com os mesmos alunos e clientes apresentando as tradicionais críticas e comentários invariavelmente maldosos: "Professor, mas não vou ficar lendo trezentos livros para saber essas coisas"[13], "não tenho tempo para ficar procurando isso e

---

[11] A evolução desse raciocínio leva a diversas empresas, atualmente, a contar com áreas e especialistas em relações institucionais e governamentais (o antigo "lobby"), cujas atividades buscam influenciar a formulação de políticas públicas e alocação de recursos públicos que podem, direta ou indiretamente, beneficiar tal organização. Em 20/2/2018, essa profissão foi oficialmente incluída pelo Ministério do Trabalho do Brasil no Cadastro Brasileiro de Ocupações, vide http://www.mtecbo.gov.br/cbosite/pages/saibaMais.jsf, acesso em: 23/2/2018. A regulamentação dessa profissão ainda está pendente pelo Congresso Nacional. Vide Projeto de Lei n. 1.202, apresentado em 30/5/2007, de autoria do Deputado Federal do PT-SP, Carlos Zarattini, atualmente em discussão. Sobre o tema, vide SELIGMAN, Milton; e MELLO, Fernando (org.). **Lobby desvendado: democracia, políticas públicas e corrupção no Brasil contemporâneo.** Rio de Janeiro: Record, 2018.

[12] BIRD, Robert C. **Can law be a source of sustainable competitive advantage?** (2007), disponível em: 20/03/2018. Disponível em: https://ssrn.com/abstract=985704. Segundo o autor, a boa compreensão do ambiente regulatório protege o processo de inovação, a contratação de mão de obra e a celebração de contratos em geral, facilitando as trocas econômicas. O domínio das "regras do jogo" torna uma organização única em sua estratégia, criando oportunidades que serão dificilmente apropriadas por terceiros (p. 11 e 12).

[13] Vale destacar que existem inúmeros bons manuais introdutórios sobre direito para cursos superiores não jurídicos, como por exemplo: ALBERGARIA, Bruno. **Instituições de Direito.** São Paulo: Atlas, 2008; COTRIM, Gilberto. **Direito fundamental – instituições de Direito Público e Privado.** 23ª ed. São Paulo: Saraiva, 2009; Dos REIS, Henrique Marcello; e DOS REIS Claudia Nunes Pascon. **Direito para administradores – Vols. 1 e 2.** São Paulo: Thomson, 2003; DOWER, Nelson Godoy Bassil et al. **Instituições de Direito Público e Privado.** 15ª ed. São Paulo: Saraiva, 2017; FABRETTI, Laudio Camargo et al. **Direito empresarial para cursos de administração e ciências contábeis.** São Paulo: Atlas, 2015; MARTINS,

aquilo", "não tenho dinheiro para contratar advogado para ele ficar estudando para mim", "cada livro chato que o senhor indica, Professor!", "você manda ler vários textos, mas eles não conversam entre si". Todos buscam maximizar seus recursos, ser eficientes, aprender rapidamente, não perder tempo. Como ajudar meus queridos alunos, clientes e amigos? Como, então, enfrentar esses desafios?

Em síntese, este livro busca desafiar o jeito que você, leitor, vê o papel do Direito na sua vida. Nosso objetivo não é só que você compreenda os principais aspectos jurídicos do ambiente empresarial brasileiro, título do livro que você tem em mãos, mas também que você passe, de fato e de coração, a internalizar algumas mensagens importantes que entendemos ser fundamentais nesse próximo passo de sua trajetória de aprendizagem, ainda mais em nosso país neste momento de sua história. Sugiro a você pensar o Direito com o seguinte *frame* a partir de agora quando da leitura do livro, que estará presente de forma transversal em todos os capítulos:

Direito é investimento, não custo	Você é o primeiro "filtro jurídico" de suas decisões	A visão jurídica te diferencia no mundo atual	A visão jurídica reduz seus custos de transação	A visão jurídica conjuga conhecimentos e habilidades

Independentemente da sua formação, você precisa ter uma visão atual, aplicada e multidisciplinar dos principais aspectos jurídicos que norteiam a atividade empresarial nos dias de hoje no Brasil. A regulação brasileira é específica, cheia de características próprias, cuja complexidade vamos tentar minimizar com um texto organizado de forma diferente da tradicional, percorrendo a forma de pensar de um investidor, de alguém que quer empreender em nosso país, seguindo o ciclo de vida de uma organização. Após esta Introdução, trataremos do ambiente empresarial brasileiro e de sua regulação, iniciando com a sua fase de estruturação de suas atividades, depois seguindo para as principais regras em seus relacionamentos com seus *stakeholders*, depois discutindo os aspectos jurídicos nas suas etapas de expansão e em eventual momento de crise.

Sergio Pinto. **Instituições de Direito Público e Privado**. 14ª ed. São Paulo: Saraiva, 2014; Paesani, Liliana Minardi; e Nabais da Furriela, Manuel. **Direito para cursos jurídicos e não jurídicos**. São Paulo: Saraiva, 2010; e Watanabe, Marilda. **Manual de Direito para iniciantes no estudo do Direito**. 2ª ed. São Paulo: St. Paul, 2012.

INTRODUÇÃO

Na Conclusão, vamos provocar o leitor para uma autorreflexão: qual é o nosso papel em toda essa importante discussão?

Vamos buscar utilizar no livro uma linguagem mais próxima do leitor, formado ou não em Direito, mas que queira praticidade e não um inútil "juridicês", procurando termos e aplicações mais próximas da realidade empresarial. Não vamos discutir a história dos institutos jurídicos, explicar a origem dos termos técnicos, tampouco contar curiosidades pitorescas que fujam do foco prático a que este livro se propõe. Você é um "tomador de decisões", portanto precisa ir "direto ao ponto" e sem delongas. Assim sendo, vamos utilizar em nosso texto uma linguagem próxima àquela utilizada em nossa sala de aula, cursos, palestras, treinamentos e consultorias, priorizando o entendimento do raciocínio, sem rebuscamento de linguagem. A ideia é manter sempre um diálogo construtivo com o leitor. Vamos indicar, ainda, uma lista de textos, sites e outras fontes adicionais de pesquisa para que o aluno e até mesmo o professor que utilize o livro possa se valer conforme seu próprio planejamento[14]. Quem quiser ir adiante em algum tema específico, fique à vontade e conte conosco para essa frutífera jornada!

Por fim, vale lembrar que o livro partirá da premissa de que nenhum leitor tornar-se-á um "jurista" ao final da sua leitura. A ideia é que ele aprimore a sua capacidade de análise de questões complexas e reais que contenham relevantes aspectos jurídicos. Todos somos os "primeiros filtros jurídicos" em qualquer decisão, não só em nossas vidas pessoais, mas também em um ambiente empresarial. Esse "traquejo" precisa ser melhorado, o que levará a uma melhor comunicação entre o "mundo jurídico" e "não jurídico", aprimorando as decisões como um todo, reduzindo os custos de transação entre áreas e assessores, mitigando riscos e tornando a atividade empresarial mais sustentável, coesa e eficiente em todos os seus sentidos. Essa melhor gestão de questões jurídicas criará muito mais valor para você em sua vida pessoal, nas suas relações sociais, para as organizações privadas e instituições públicas como um todo e, inevitavelmente, contribuirá para a construção de um país melhor.

---

[14] Autor faz questão de manter contato com o leitor através do seguinte e-mail: aasc@uol.com. br. Todas contribuições, críticas e sugestões serão muito benvindos. Este livro tem caráter de "obra aberta", em constante construção.

Parte 1
Ambiente empresarial brasileiro e a sua regulação

"O direito moderno é racional porque permite a instalação de um horizonte de previsibilidade e calculabilidade em relação aos comportamentos humanos, sobretudo aqueles que se dão nos mercados"[15].

Investir ou empreender[16] em qualquer mercado demanda uma grande dose de confiança. Não basta só ter habilidades pessoais e interpessoais ou conhecimentos técnicos específicos. Quem hoje tem sucesso de forma lícita, compreende muito bem o ambiente em que atua, conseguindo se organizar e operar de forma sustentável e ter vantagens competitivas considerando as eventuais peculiaridades que tal ambiente apresenta. Quem domina o ambiente regulatório onde exerce sua atividade econômica certamente se diferencia nos dias atuais, em especial no nosso país[17].

---

[15] GRAU, Eros Roberto. **Por que tenho medo dos juízes (a interpretação/aplicação do direito e os princípios)**. 6ª ed. São Paulo: Malheiros, 2013, p. 15.

[16] Ao conversar com qualquer aluno ou cliente, percebemos que o empreendedor possui um perfil muito próprio. Ele gosta de correr riscos, de percorrer sonhos, de enfrentar problemas, de vencer obstáculos. Toma muitas vezes decisões em situações de incerteza, sem noção das chances de sucesso e insucesso. Caminha por lugares desconhecidos e, portanto, precisa compreender as regras e suas consequências para poder prever, prevenir e regular os possíveis efeitos de contratempos. Precisa, portanto, desse conhecimento jurídico para poder empreender com mais chances de sucesso.

[17] O ambiente regulatório afeta as organizações de pelo menos três formas distintas: (a) facilitadora (provendo instrumentos para a interação jurídica e a solução de controvérsias, sujeitos às constantes transformações no contexto organizacional); (b) regulatória (controlando os comportamentos e o cumprimento das normas jurídicas); e (c) definidora/

Neste primeiro capítulo, vamos estudar as principais características do ambiente empresarial brasileiro e da sua regulação, de forma a ajudar o leitor a fazer melhor o seu primeiro diagnóstico sobre o ecossistema onde atuará, ressaltando seus pontos de atenção e indicando os eventuais caminhos de análise[18]. Mesmo quando os aspectos são negativos em um primeiro olhar, é fundamental entender que o empreendedor e o investidor visualizam sempre oportunidades mesmo em ambientes mais hostis e desafiadores. O que mais importa para ambos ao final das contas é entender como funciona, de fato, esse ambiente e, a partir daí traçar a melhor e mais eficiente estratégia possível.

1. Os números não mentem

Na conclusão da sua obra "História do Brasil", Boris Fausto ressalta os diversos avanços alcançados em nosso país desde o Plano Real de 1994: abertura da economia, estabilização da moeda, fortalecimento de políticas públicas, melhoria de significativos indicadores econômicos e sociais e mais transparência na prestação de serviços do Estado, em especial na do Poder Judiciário (por força da atuação do Conselho Nacional de Justiça). No entanto, ele ressalta que há diversos outros desafios a serem enfrentados para que possamos atingir, em suas palavras, uma "sociedade mais próspera e justa", em especial na infraestrutura legal brasileira ainda enraizada em uma "burocracia medieval" que impede a inovação e o empreendedorismo, repleta de protecionismo e de desconfiança nas relações entre Estado e sociedade[19].

Como é sabido e consabido, não é (nada) trivial exercer uma atividade econômica no Brasil. São diversas as dificuldades e obstáculos a serem

---

constituidora (trazendo as principais categorias jurídicas, regras, princípios e valores que serão os institutos jurídicos a serem protegidos pela sociedade, fazendo as escolhas de política pública e de recursos públicos para tanto). EDELMAN, Lauren B.; e SUCHMAN, Mark C. **The legal environments of organizations**. Annual Review of Sociology, agosto de 1997, Vol. 23, p. 479–515.

[18] Nas palavras de Keila dos Santos e Alan Moreira Lopes, "...uma jornada empreendedora de sucesso requer um planejamento jurídico eficiente". SANTOS, Keila dos; e LOPES, Alan Moreira. **Canvas jurídico para startups: ferramenta de planejamento jurídico** in TEIXEIRA, Tarcísio; e LOPES, Alan Moreira (coord.). Startups e Inovação: direito no empreendedorismo. São Paulo: Manole, p. 91.

[19] Cf. FAUSTO, Boris. **História do Brasil**. 2ª reimpr. São Paulo: Edusp, 2015, p. 560-566.

enfrentados, demandando muito estudo, muita preparação, muito planejamento de qualquer empreendedor nacional ou estrangeiro. Conhecer o nosso ambiente de negócios, como funcionam as nossas instituições, a cultura dos negócios em nosso país, as incertezas com as quais devemos conviver e as diversas limitações ao exercício das liberdades constitucionais são providências preliminares fundamentais para quem quiser se aventurar no mercado nacional. É fundamental, para obter sucesso em qualquer mercado, conhecer o seu ambiente e a sua regulação, de forma a não se surpreender negativamente com o que vai encontrar pela frente. São poucos os que dominam o ambiente empresarial brasileiro, ainda mais em seus aspectos jurídicos.

Mas por um lado não se preocupe, leitor, porque tais impressões não são só suas. Diversos e importantes estudos internacionais nos ajudam a começar essa investigação sobre o ambiente de negócios brasileiro, com destaque para os seguintes:

a) **DOING BUSINESS (Banco Mundial)**[20]
Neste estudo, com atualizações periódicas, o Brasil ocupa há muitos anos posição muito ruim no *ranking* de países com mais barreiras e dificuldades para se fazer negócios, em comparação com outros 190 países pesquisados. Em 2018, na 125ª posição, o Brasil tem recebido pontuação muito ruim em pelo menos quatro dimensões, que são no processo de abertura de empresas (devido à alta burocracia e inúmeros passos necessários para tanto), obtenção de licenças de construção e operação (também devido à alta burocracia estatal), pagamento de tributos (alta carga tributária, inúmeras obrigações acessórias e complexidade do sistema tributário brasileiro), e comércio internacional (tributação, falta de estrutura logística e demais barreiras alfandegárias).

b) **GLOBAL COMPETITIVENESS REPORT (Fórum Econômico Mundial)**[21]
Neste segundo estudo, também com atualizações periódicas, de um total de 137 países pesquisados, o Brasil ocupa em 2018 a 80ª posição na sua

---

[20] http://www.doingbusiness.org/data/exploreeconomies/brazil, acesso em 11/03/2018.
[21] https://www.weforum.org/reports/the-global-competitiveness-report-2017-2018, acesso em 11/03/2018

capacidade de competitividade[22] para atração de negócios e investimentos. O índice de competitividade criado por tal estudo congrega doze dimensões, quais sejam: instituições, infraestrutura, ambiente microeconômico, saúde e educação básica, educação superior e desenvolvimento de pessoas, eficiência do mercado de bens, eficiência do mercado de trabalho, desenvolvimento do mercado financeiro, acesso à tecnologia, tamanho do mercado, sofisticação do mercado e inovação. O Brasil possui, em 2018, uma posição intermediária nesse quesito, com muita dependência em seus recursos naturais e poucos investimentos com foco em produtividade, na eficiência no processo produtivo e nas condições oferecidas pelo Estado e disponíveis no mercado.

c) CORRUPTION PERCEPTIONS INDEX (Transparência Internacional) [23]

Neste terceiro estudo, com atualização anual, há uma medição da percepção de práticas de corrupção em um determinado país junto a empresários e especialistas, com base em 180 países pesquisados. Curioso é que nenhum país, segundo o estudo, possui um resultado perfeito (ou seja, com percepção zero de corrupção). A média global, de uma escala de 0 (pais altamente corrupto) a 100 (pais altamente íntegro), é de 43 pontos em 2017. Estudo demonstra alta correlação entre corrupção e desigualdade, que denota um círculo vicioso entre as duas dimensões.

Com relação ao Brasil, a edição de 2017 do estudo aponta expressamente os casos da Petrobras e da Odebrecht como grandes e sistêmicos escândalos de corrupção. Em 2017, por conta desses e outros casos, o Brasil passou a ocupar a 96ª posição desse ranking com um viés de aumento na percepção de corrupção. Temos piorado de posição nesse estudo ano a ano desde a sua criação em 1995.

---

[22] Para o estudo, "competitividade" é o conjunto de instituições, políticas e fatores que determinam o nível de produtividade de uma economia, que determina o nível de prosperidade que um país pode alcançar (p. 4)

[23] https://www.transparency.org/research/cpi/overview, acesso em 11/03/2018

d) INDEX OF ECONOMIC FREEDOM (Índice de liberdade econômica)[24]

Esse guia, publicado anualmente pela Heritage Foundation, tenta medir a chamada "liberdade econômica"[25] em 186 países por meio de 12 (doze) diferentes critérios quantitativos e qualitativos agrupados em quatro grandes categorias: (a) cumprimento das "regras do jogo" (*rule of law*); (b) tamanho do Estado; (c) eficiência regulatória; e (d) abertura de mercado. No tocante ao primeiro item, o estudo busca analisar quanto o país respeita os direitos de propriedade, o seu governo é íntegro e o sistema judicial realmente funciona. Quanto ao segundo item, pesquisa-se quais são os investimentos do Estado, a carga tributária e a dívida pública. Já o terceiro item refere-se às liberdades comerciais, de trabalho e monetárias. Por fim, o item "abertura de mercado" inclui os pilares das liberdades de comércio, de investimento e financeira.

Em 2018, o Brasil encontra-se na 153ª posição desse ranking, no patamar que o estudo denomina de "mostly unfree" (predominantemente não livre) e bem perto do grupo intitulado "repressed" (reprimido), e com um viés de queda nos últimos anos em vários quesitos. Temos notas bastante ruins em praticamente todos os 12 (doze) quesitos mencionados acima, com destaques bem negativos para os itens "dívida pública", "integridade do governo" e "liberdade de trabalho/legislação trabalhista", nos quais recebemos menos da metade da pontuação média de cada quesito.

e) DADOS DA OCDE[26]

Criada em 1961, a OCDE (Organisation for Economic Co-operation and Developement) tem por objetivo promover políticas que visam aprimorar o bem-estar econômico e social pelo mundo, promovendo fóruns de discussão nos quais governos possam intercambiar experiências e buscar soluções

---

[24] https://www.heritage.org/index/, acesso em 11/03/2018

[25] Para o estudo, liberdade econômica é o "...direito fundamental que qualquer ser humano possui de controlar o seu próprio trabalho e propriedade. Em uma sociedade economicamente livre, os indivíduos são livres para trabalhar, produzir, consumir e investir da forma que desejarem. Em sociedades economicamente livres, governos permitem a livre movimentação do trabalho, capital e bens e não proíbem ou limitam a liberdade além do necessário para proteger e preservar a própria liberdade". (tradução nossa). Cf. https://www.heritage.org/index/about. Acesso em: 11/03/2018.

[26] https://data.oecd.org/brazil.htm, acesso em 11/03/2018.

a problemas comuns. É papel da OCDE, inclusive, ajudar a analisar e comparar dados para prever tendências futuras e ajudar na recomendação de políticas que ajudem a melhorar a qualidade de vida das pessoas, além de estimular o empreendedorismo como um todo. Na página dedicada exclusivamente ao Brasil, é possível analisar uma série de previsões atuais sobre a economia brasileira, pesquisas e artigos científicos envolvendo o nosso país, além de dados demográficos e sociais sobre o modo de vida dos brasileiros. É impressionante como tivemos progressos nas últimas décadas em termos de melhoria na qualidade de vida dos brasileiros (redução da pobreza), no entanto continuamos a ter índices ruins em termos de renda, riqueza, emprego, moradia, qualidade ambiental, saúde, educação e produtividade em comparação com a média dos países pesquisados pela OCDE.

Segundo o estudo, o Brasil ocupa uma posição muito intermediária nesse índice, dependendo e muito de seus recursos naturais longe ainda de ter um ambiente de negócios que fomente a inovação e diferenciais competitivos normalmente observáveis em países desenvolvidos.

f) GLOBAL TALENT COMPETITIVENES REPORT[27]

Esse índice, lançado em 2013, busca medir a habilidade de um país para atrair talentos individuais, critério que indica práticas como diversidade, busca por inovação e investimentos em produtividade, em especial em um ambiente cada vez mais incerto. O treinamento de uma mão-de-obra que enfrente os desafios do futuro é de certa forma medido nesse índice por meio de uma pesquisa feita entre 119 países pelo INSEAD (um dos maiores grupos educacionais do mundo) em parceria com os grupos empresariais Adecco (uma das maiores multinacionais de recursos humanos) e Tata (um dos maiores grupos empresariais indianos, presentes em todos os continentes).

Nesse ranking, o Brasil ocupa em 2018 a posição número 73, sendo a 9ª em sua região (América Latina, América Central e Caribe). Em uma análise mais detalhada do relatório, notamos que a pontuação brasileira é piorada quando se incorporam os fatores relacionados ao burocrático ambiente regulatório brasileiro e, em especial, a ainda onerosa legislação trabalhista que impacta sobremaneira nos resultados brasileiros.

---

[27] https://www.insead.edu/global-indices/gtci, acesso em 09/04/2018.

g) THE ECONOMIST INTELLIGENCE UNIT DEMOCRACY INDEX[28]

Conduzida pela tradicional revista "The Economist" desde 2006, tal índice busca medir quanto um país tem desenvolvido práticas democráticas perante seus cidadãos, incluindo as seguintes dimensões: processo eleitoral e pluralismo, funcionamento do governo, participação política, cultura política e liberdades civis. Entre 167 economias pesquisadas, o Brasil ocupava em 2017 a posição número 49, sendo considerada uma "democracia falha" ("flawed democracy"), com viés de queda em seus resultados nas referidas dimensões. Pesa em desafavor do nosso país questões relacionadas a corrupção, crime organizado e baixo engajamento político, apesar de reconhecidos esforços de iniciativas recentes de combate a esses três problemas endêmicos em nosso país.

h) RULE OF LAW INDEX[29]

Realizado pelo "The World Justice Project", esse índice mede a aderência ao princípio do "Estado de Direito" (*rule of law*) em 113 países por meio de entrevistas junto a cidadãos e especialistas. São medidas oito dimensões distintas nesse índice: limitações aos poderes estatais, ausência de corrupção, transparência do governo, direitos fundamentais, ordem e segurança, cumprimento das leis, justiça civil e justiça penal.

A posição brasileira, também em viés de queda, é a de número 52, com a conclusão de que temos desafios nos campos do combate à corrupção, ordem e segurança e na justiça penal, além do combate aos limites dos poderes estatais e no respeito dos direitos fundamentais dos cidadãos brasileiros. Temos a 15ª posição entre os 30 países da região do Caribe, América Latina e América do Sul pesquisados, sendo classificado como "declining rule of law" (Estado de Direito em declínio).

i) WORLD INTELLECTUAL PROPERTY ORGANIZATION[30]

Um indicador importante é o fornecido pela Organização Mundial de Propriedade Intelectual, vinculada à Organização das Nações Unidas. Em 2016, o Brasil ocupava a 19ª colocação no número total de pedido de patentes (28.010 de um total de 3.127.900), número muito baixo em comparação com diversas economias emergentes, inclusive.

[28] https://www.eiu.com/topic/democracy-index, acesso em: 9/4/2018.
[29] https://worldjusticeproject.org/our-work/wjp-rule-law-index/wjp-rule-law-index-2017%E2%80%932018, acesso em: 9/4/2018.
[30] http://www.wipo.int/ipstats/en/, acesso em: 9/4/2018.

j) GLOBAL INNOVATION INDEX[31]

Esse índice busca apresentar a performance de inovação de 127 economias por meio de 81 indicadores que buscam explorar uma visão mais ampla do tema, incluindo ambiente político, educação, infraestrutura e sofisticação do mundo dos negócios. Desde 2007, esse índice tem como enfoque as áreas de agricultura e sistemas alimentares em geral, considerados setores estratégicos para o futuro da humanidade.

O chamado "Índice Global de Inovação" contempla os subíndices de insumos de inovação (instituições, capital humano, infraestrutura, sofisticação de mercado e sofisticação empresarial) e de produtos de inovação (produtos de conhecimento e tecnologia e produtos criativos). Nesse índice, o Brasil ocupava em 2017 a posição de número 69, com resultados pífios nos itens relacionados a ambientes político, regulatório e de negócios, facilidade para obtenção de crédito específico para projetos de inovação e investimentos específicos em tecnologia (produtos criativos).

Em síntese, tais barreiras nos dão um "sabor" do que vamos enfrentar ao empreender em nosso país, razão pela qual é fundamental um amplo estudo jurídico sobre o ambiente empresarial brasileiro. Afinal, se vamos colocar capital em risco, expectativas sobre um determinado negócio e esperar um dado retorno, precisamos entender muito bem o ecossistema no qual vamos empreender.

2. A cultura empresarial brasileira

Historiadores e sociólogos sempre tentaram entender a cultura empresarial brasileira, desenhando alguns traços do seu perfil.

Sérgio Buarque de Holanda já falava em uma "cultura de personalidade" dos brasileiros, que teria sido herdada dos hispânicos e dos portugueses, justificando a sensação do brasileiro de total autonomia em relação aos demais e a consequente "frouxidão da estrutura social" e a "falta de hierarquia organizada" desde os tempos do Brasil Colônia, com sinais de "elementos anárquicos" (ele cunha o termo "falta de coesão em nossa vida social")[32]. Para o autor, tal ambiente levou a criação de "privilégios hereditários", baseados em prestígios pessoais e legitimando uma aristocracia

---

[31] https://www.globalinnovationindex.org/, acesso em: 9/4/2018

[32] Cf. HOLANDA, Sérgio Buarque de. **Raízes do Brasil**. São Paulo: Ed. Companhia das Letras, 2016 (1936), p. 41 a 43.

fechada[33]. Essa situação levava a escolha de pessoas para exercer as funções públicas de acordo com a confiança pessoal e não em razão de suas capacidades próprias, ou seja, meritocracia (contatos com base em "laços de sangue" ou "laços de coração"). Sérgio Buarque de Holanda destaca que o brasileiro tem um traço importante em sua característica pessoal, apesar de só aparente à primeira vista: é cordial, generoso, tem boas maneiras, civilidade no trato, emotivo em suas relações pessoais e profissionais, o que ele denomina "homem cordial", verdadeira crítica de uma situação a princípio paradoxal de sua herança histórica portuguesa (ex. desejo até artificial de estabelecer intimidades, tal como no emprego excessivo de diminutivos nas interlocuções)[34]-[35].

Outro traço cultural brasileiro importante é a relação sempre íntima demais entre o Estado e o mundo empresarial. Laurentino Gomes narra que, desde a chegada da Corte Portuguesa ao Brasil em 1808, esta necessitava de recursos para sustentar a sua "máquina burocrática", o que ele chamava de "corte cara, perdulária e voraz". Despesas cresciam sem parar, emissão de moeda não era suficiente, vendiam-se títulos de nobreza para se obter recursos adicionais e criaram-se "comissões" para intermediações de serviços públicos, institucionalizando práticas de corrupção envolvendo pessoas e empresas privadas. Os responsáveis pelas repartições públicas enriqueciam-se com o "comércio" desses serviços públicos que, de tão comuns, geravam até piadas e versos populares que satirizavam a situação[36].

---

[33] Idem, p. 46 e 47.

[34] Idem, p. 252 a 257.

[35] Outro traço característico do brasileiro é sua "esperança". Robert Wong, com sua vasta experiência, destaca que "...no meu relacionamento profissional com executivos do mundo inteiro, a esperança do nosso povo causa inveja... querem se contagiar de novo com nosso calor humano e, especialmente, com a nossa esperança, em que cada dia é um novo dia". WONG, Robert. **O sucesso está no equilíbrio**. São Paulo: Trevisan, 2018, p. 17.

[36] GOMES, Laurentino. **1808**. 2ª ed., 16ª reimpr. São Paulo: Planeta, 2013, p. 165 a 171. Nessa construção histórica, o ambiente de negócios brasileiro curvou-se ao culto excessivo à burocracia. Eduardo Bueno, também descrevendo a vinda da Família Real Portuguesa ao Brasil em 1808, relata a transposição de diversos órgãos e cargos públicos para os quais havia a necessidade de obtenção de recursos de todas as formas, incluindo a criação do Banco do Brasil, a abertura dos portos "às nações amigas", aumento de tributos e a venda de terras públicas e de comendas. A criação de uma burocracia estatal confundia-as com a criação de uma vida social de castas, com clara diferenciação de classes. Cf. BUENO, Eduardo. **Brasil: uma história – cinco séculos de um país em construção**. São Paulo: Leya, 2010, p. 154.

Raymundo Faoro, em outra tentativa de analisar a formação do Brasil, destaca uma transposição de um "Estado patrimonialista português" para o nosso país na criação das instituições, na organização político-administrativa e na estrutura de poder que se estabeleceu em território nacional ao longo de nossa história. É o que ele chama de "patrimonialismo", legitimado no "tradicionalismo", com um capitalismo caracterizado por um certo "... conteúdo aristocrático, da nobreza da toga e do título...".[37]

A cultura empresarial brasileira é caracterizada pela formação de grupos econômicos não só com poder concentrado nas mãos de pouco, mas também com grande participação do Estado. Sérgio Lazzarini, ao analisar os grupos econômicos brasileiros após o processo de desestatização das empresas brasileiras na década de 1990, constatou que, ao contrário do que se propagou, houve uma maior aglomeração no grupo de proprietários e um aumento no conjunto de empresas atreladas a grupos controladores comuns. Houve maior centralidade no papel de fundos públicos estatais e no papel do BNDES no investimento nesses grupos empresariais, com o uso direto e indireto de parcela significativa de recursos públicos nesses processos de privatização, um paradoxo total e com potenciais danos custosos e irreversíveis à economia brasileira como um todo. É o que o Sérgio cunha como "capitalismo de laços"[38].

A formação econômica do Brasil tomou um rumo bastante "sui generis" que talvez justifique a sua situação atual com seus desafios e oportunidades. Com origem na empresa agrícola no Brasil Colônia, baseada no monopólio de monoculturas, nossa economia praticamente se baseou em uma cultura de exploração de poucos para muitos, com muito controle das propriedades produtivas nas mãos de poucos e com o uso explorador da mão de obra de muitos (Brasil foi um dos últimos países do mundo, por exemplo, a abolir a escravatura)[39]. Açúcar, pecuária, mineração, ondas imigratórias e migratórias, industrialização, abertura da economia e processo de globalização tardios, Brasil entra só há algumas décadas verdadeiramente no radar mundial do comércio e do investimento estrangeiro não meramente especulativo. Seu potencial de consumo, suas vantagens comparativas e seus incontáveis recursos naturais (quase exauridos em

---

[37] FAORO, Raymundo. **Os donos do poder: formação do patronato político brasileiro**. 5ª ed. 7ª. reimpr. São Paulo: Biblioteca Azul: 2017, pp. 819-836.

[38] Cf. LAZZARINI, Sérgio G. **Capitalismo de Laços**. São Paulo: Elsevier, 2011.

[39] Vide FURTADO, Celso. **Formação Econômica do Brasil**. 34ª ed. São Paulo: Cia. das Letras, 2007 (1967).

boa parte do mundo) proporcionam inúmeras oportunidades de futuro ao nosso país, que tanto foi explorado negativamente e de forma não democrática em sua curta história[40].

Por fim, vale destacar uma interessante análise do renomado antropólogo Roberto da Matta sobre a cultura brasileira, fundamental para quem quer compreender o nosso "mundo dos negócios", seus riscos e suas oportunidades. Ao reconhecer a complexidade da nossa cultura, ele destaca a singularidade do tempo de vários dos eventos que nos caracterizam, tais como o Carnaval. Tendemos a seguir certos valores e julgar os demais dependendo do ambiente em que estamos. Ao mesmo tempo vivemos e refletimos, somos conhecidos e misteriosos, temos e não temos uma unidade cultural. Buscamos o chamado "jeitinho malandro" no nosso dia a dia, mesclando leis da amizade e do parentesco sem sermos criminosos (pelo menos no que julgamos), um "jeito de viver brasileiro". Temos, para Roberto da Matta, uma verdadeira "capacidade relacional", "uma imensa, uma inesgotável criatividade acasaladora".[41]

3. Insegurança jurídica no Brasil

É muito comum empreendedores e investidores reclamarem sobre o problema da insegurança jurídica em nosso país. Expressões populares como "risco Brasil", "lei que pega e lei que não pega", "de cabeça de juiz não se sabe o que pode vir" e "carteirada" denotam essa sensação generalizada de desconfiança que existe em nosso ambiente de negócios. Nosso ordenamento jurídico é repleto de leis nem sempre claras e coesas entre si e as interpretações são amplas para quase todos os "gostos".[42]

---

[40] Ver MELLO, Pedro Carvalho de. **O B de BRICs**. São Paulo: St. Paul, 2012, p. 252 a 270.

[41] DA MATTA, Roberto. **O que faz o brasil, Brasil?** Rio de Janeiro: Rocco, 1984, p. 11-20. Para o autor, o "jeitinho brasileiro" é a junção do "pode" e do "não pode", um modo e um estilo de realizar brasileiro caracterizado pela simpatia, desesperado ou humano de relacionar o impessoal com o pessoal, permitindo um problema pessoal (ex. atraso ou falta de dinheiro) com um problema impessoal. Tal "jeitinho" passa a ser um modo pacífico e legitimamente aceito para resolver problemas casuisticamente, dramático e tocante para quem visualiza de fora, ganhando aceitação social crescente. A especialização nessa forma de relacionamento é o que leva à expressão "malandragem" e a chamada "carteirada", quando há a invocação de uma autoridade superior na forma mais agressiva em oposição ao "jeitinho" (p. 100-104). Será que esse traço cultural é um dos fomentadores dos problemas de corrupção que hoje estamos detectando e punindo? Será que estamos mudando aos poucos nossos traços culturais?

[42] Vide BOTTINI, Pierpaolo Cruz. **Um sistema lento e pouco disponível**. Valor Econômico, 1 e 2/5/2018, p. F4. Para o professor, tal situação estimula, inclusive, a prescrição penal e à

Sobre o tema, Rizzato Nunes lembra que confiança é um sentimento que gera segurança, uma "...base de convicção que alguém pode ter em relação à atitude de outrem... e em relação às leis e instituições..."[43]. Para ele, a confiança se estabelece pelas relações que advêm do passado e projeta efeitos para o futuro, tendo confiança e previsibilidade uma relação muito próxima[44]. Nesse sentido, o ambiente regulatório de um país como o nosso precisa ter institutos que garantam essa "sensação de segurança", independentemente da autoridade que estiver no poder e eventual falibilidade decisória, sob pena de causarmos injustiças ou favorecimentos, afastarmos investimentos em geral e criarmos diversos efeitos de segunda ordem (custos individuais e sociais) indesejáveis[45].

O princípio da segurança jurídica[46] é, portanto, fundamental para que o nosso sistema jurídico funcione de forma coerente, firme e impessoal e que as organizações e instituições possam atuar de uma forma confiável no tempo. Deve-se, portanto, ter um ambiente sem alterações surpreendentes que levem a instabilidades e traumas nos processos decisórios, per-

---

impunidade, cujo efeito "lotérico" causa insegurança geral e prejudica o desenvolvimento social, econômico e a democracia. Em entrevista ao jornal Valor Econômico em 1 e 2/5/2018 (p. F10), Silvio Dulinsky (membro do comitê executivo e diretor da América Latina/setor privado do Fórum Econômico Mundial) afirma que a Justiça brasileira é muito lenta e que não consegue garantir segurança jurídica para pessoas físicas, nem para as empresas. Temos um sentimento de impunidade, de violência, com efeitos na qualidade de vida e com custos econômicos enormes.

[43] Nunes, Rizzato. **Manual de Introdução ao Estudo do Direito**. 13ª ed. São Paulo: Saraiva, 2016, p. 334.

[44] Idem, 335.

[45] Para Humberto Ávila, o princípio da segurança jurídica permite que tenhamos "cognoscibilidade" (compreensão das regras atualmente aplicáveis), "confiabilidade" (previsão dos efeitos de suas escolhas com base em referências interpretativas passadas e atuais) e "calculabilidade" (controle dos efeitos futuros de suas decisões) que nos permita tomar decisões com base no que sabemos e no que podemos ter de consequências). Cf. Ávila, Humberto. **Teoria da Segurança Jurídica**. 3ª ed. São Paulo: Malheiros, 2014, p. 699 e 670.

[46] O princípio da segurança jurídica está previsto no Preâmbulo da Constituição Federal de 1988 e é pressuposto para a garantia de todos os demais direitos previstos no ordenamento jurídico brasileiro, um Estado Democrático de Direito. No campo tributário, por exemplo, tal princípio representa uma verdadeira uma garantia de expectativa de confiança legítima do contribuinte sobre os limites do poder do Estado de tributar. Cf. Tôrres, Heleno Taveira. **Segurança Jurídica Judicial em Matéria Tributária e Consequencialismo** in Rocha, Valdir de Oliveira (coord.) Grandes Questões Atuais de Direito Tributário. 15º vol. São Paulo, Dialética, 2011, p. 101-124.

mitindo decisões de longo prazo sem perturbações ou surpresas. A título exemplificativo, citamos oito importantes institutos jurídicos que servem a esse propósito "estabilizador" das relações humanas e sociais[47]:

I. **Prescrição**: medida normalmente de defesa de algum devedor em razão da inércia ou negligência no exercício de alguma pretensão de um credor por certo lapso temporal previsto em lei, comumente traduzido por "perda de um prazo para o exercício de um direito";

II. **Direito adquirido**: aquele já incorporado no patrimônio jurídico de uma pessoa, que deve ser protegido pelo Direito, não dependendo mais de qualquer termo ou condição para ser exercido por seu titular;

III. **Coisa julgada**: decisão judicial contra a qual não cabe mais qualquer recurso, sendo irretratável e irrevogável, dotada de soberania;

IV. **Ato jurídico perfeito**: aquele que é válido por ter agente capaz, objeto lícito e possível, forma prescrita ou não proibida em lei, preenchendo todos os requisitos legais para a produção dos seus efeitos conforme a vontade das suas partes;

V. **Ampla defesa**: princípio constitucional previsto no artigo 5º, inciso LV da Constituição Federal de 1988 ("CF/88"), ele garante a todos, em qualquer processo judicial ou administrativo e aos acusados em geral, o contraditório e a ampla defesa com todos os meios e recursos inerentes;

VI. **Devido processo legal**: princípio constitucional previsto no artigo 5º, inciso LIV da CF/88, ele garante que nenhuma pessoa será privada da liberdade, bens ou direitos sem que o devido processo legal seja devidamente realizado;

VII. **Princípio da legalidade/reserva legal**: princípio constitucional previsto no artigo 5º, "caput" e também no inciso II, ambos da CF/88, ele garante que todos somos iguais perante a lei e que ninguém será obrigado a fazer ou deixar de fazer alguma coisa senão em virtude de lei; e

---

[47] Definições com base no tradicional dicionário jurídico DE PLACIDO E SILVA. **Vocabulário Jurídico**. 31ª ed. Rio de Janeiro: Gen/Forense, 2014.

VIII. Boa-fé: previsto expressamente no artigo 422 do Código Civil de 2002 ("CC/02") e em inúmeros outros dispositivos em nosso ordenamento jurídico, ele garante uma postura ética/proba mínima no processo de negociação e execução de contratos, demandando uma postura isenta de dolo, engano, malícia e fraude pelas partes contratantes. Busca-se um comportamento não contraditório em todas as ações humanas, gerando uma estabilidade na geração de expectativas nas relações sociais.[48]

Em síntese, fica claro, com esses exemplos de institutos jurídicos, que o que se busca em um ambiente regulatório (e no Brasil não deveria ser diferente) é uma verdadeira estabilização não só no processo de criação de regras (regulação) quanto na sua aplicação na solução das controvérsias e na interpretação dessas mesmas regras (Poder Judiciário e demais autoridades públicas).[49] Não se busca a hipertrofia do processo como um todo, até porque a sociedade precisa evoluir e redesenhar suas regras e a forma pela qual as mesmas são interpretadas. O que não se pode aceitar é a total ausência de previsibilidade (e, consequentemente, de confiança[50]), praticamente um consenso entre assessores jurídicos e a comunidade empresarial nos dias atuais. Em tempos de crescentes incerteza e complexidade, a busca por um patamar mínimo de previsibilidade no mundo empresarial é fundamental para a retomada do crescimento do país e para que o ambiente

---

[48] Vale lembrar a regra disposta no parágrafo único do artigo 2035 do CC/02, segundo o qual "... nenhuma convenção prevalecerá se contrariar preceitos de ordem pública, tais como os estabelecidos por este Código para assegurar a função social da propriedade e dos contratos". Em outras palavras, nenhum contrato poderá afastar a aplicação dos princípios contratuais, tais como os da boa-fé objetiva ora mencionado. Trata-se de importante intervenção do Estado na autonomia privada que temos, que acaba por nos trazer mais segurança jurídica nas relações contratuais em geral. Desta forma, o Estado brasileiro busca garantir a aplicação desse princípio independentemente da sua previsão contratual expressa.

[49] Nesse sentido vale destacar a Lei nº 13.655, de 25/4/2018, que promove alterações na Lei de Introduções às Normas do Direito Brasileiro (Decreto-Lei nº 4.657, de 4 de setembro de 1942), dispondo sobre normas que visam à segurança jurídica e eficiência na criação e na aplicação do direito público.

[50] Para Anna Lygia Costa Rego, "...a confiança poderia auxiliar como uma espécie de termômetro do sentimento dos agentes em relação a determinadas normas...". REGO, Anna Ligia Costa. **Confiança & Investimento Estrangeiro – Uma análise do ambiente jurídico brasileiro**. São Paulo: Singular, 2013, p. 317.

de negócios seja confiável àqueles que buscam empreender e investir de forma perene e de longo prazo, ou seja, não meramente especulativa.

Reconhece-se que a busca por segurança jurídica seja talvez difícil em uma sociedade cada vez mais pluralista e democrática. As próprias regras jurídicas, que veremos mais adiante, estão cada vez mais abstratas em suas construções normativas, mais principiológicas em seus comandos, dificultando mais ainda a sua interpretação em um caso concreto. E o mundo empresarial, como deve lidar com essa realidade em constante transformação? Como lidar com essa nova e talvez inevitável sensação de segurança/insegurança jurídica? Talvez seja uma sensação que transcenda até o nosso país, demandando uma postura diferente das organizações, e, em especial, dos indivíduos, o que será explorado mais profundamente em capítulos posteriores.

4. As liberdades e limitações constitucionais do empreendedor

Diante dessa visão geral do ambiente regulatório brasileiro ao qual o empresário, investidor e o empreendedor está atualmente exposto, passemos agora a tratar da regulação à qual ele deverá se submeter para exercer uma atividade econômica em nosso país. E a primeira visão que se deve ter sobre o sistema jurídico nacional é da CF/88, também conhecida como a "Constituição Cidadã", promulgada após o final de um longo regime militar e repleta de direitos e garantias fundamentais, em especial nos artigos 5º (direitos individuais e coletivos) e artigos 6º a 11 (direitos sociais).

Os princípios gerais que orientam toda a atividade econômica no Brasil encontram-se previstos nos artigos 170 a 181 da Constituição Federal de 1988, expressamente equilibrando a valorização do trabalho humano (vide a longa lista de direitos prevista nos referidos artigos 6º e 11 acima mencionados e a própria Consolidação das Leis do Trabalho de 1943 – "CLT") e a livre iniciativa[51], com a observância de 9 (nove) princípios extremamente

---

[51] Para Celso Bastos, livre iniciativa é "...a liberdade de lançar-se à atividade econômica sem se deparar com as restrições impostas pelo Estado... uma expressão fundamental da concepção liberal do homem, que coloca como centro a individualidade de cada um...". BASTOS, Celso Ribeiro. **Curso de Direito Constitucional**. 22ª ed. São Paulo: Saraiva, 2001, p. 467 e 468. Já para André Ramos Tavares, trata-se da "...liberdade para iniciar e desenvolver atividades produtivas..." e que, "para fazer-se presente, a liberdade de iniciativa exige, inicialmente, a igualdade de condições (perante o Estado) para os agentes privados do mercado iniciarem sua atividade...". TAVARES, André Ramos. **Direito Constitucional da Empresa**. São Paulo: Gen/Método, 2013, p. 31.

importantes e que serão objeto de discussão mais profunda em capítulos futuros: (a) soberania nacional; (b) propriedade privada; (c) função social da propriedade; (d) livre concorrência; (e) defesa do consumidor; (f) defesa do meio ambiente; (g) redução das desigualdades regionais e sociais; (h) busca do pleno emprego; e (i) tratamento favorecido para as empresas de pequeno porte brasileiras[52].

Em uma leitura atenta ao artigo 5º do texto constitucional, conseguimos extrair algumas limitações importantes àquele que quer empreender ou investir em nosso país. Além do princípio da legalidade já visto (inciso II), há a liberdade profissional garantida, desde que preenchidas as eventuais qualificações profissionais que a lei estabelecer (inciso XIII). Pode-se se associar livremente, desde que para fins lícitos (inciso XVII), não se podendo compelir a se associar ou a permanecer associado senão por vontade própria (inciso XX). Protege-se, em nosso país, o direito de propriedade (inciso XXII), mas ela deverá sempre atender a uma função social (XXIII), podendo ser objeto de desapropriação por necessidade ou utilidade pública ou por interesse social, desde que haja um procedimento previsto em lei e mediante justa e prévia indenização em dinheiro (inciso XXIV), ou utilizada por autoridade competente no caso de iminente perigo público, assegurada ao proprietário eventual indenização posterior em caso de dano (inciso XXV).

Já em uma leitura dos artigos 7º a 11 da CF/88, o empreendedor e o investidor deverão observar uma série de direitos trabalhistas de seus empregados, uma característica bem peculiar e marcante do Direito brasileiro que veremos em capítulos posteriores. São direitos mínimos obrigatórios que devem ser respeitados, muitos dos quais sem qualquer possibilidade de negociação e que devem ser considerados em um plano de investimentos.

Observa-se, pois, a existência de uma série de limitações importantes ao empreendedorismo, que precisam ser observadas em um plano de negócios. De um lado, o Estado garante a livre iniciativa (liberdade para empreender, para se associar, para concorrer, para contratar e para trabalhar) e, de outro, delimita essa mesma liberdade sempre considerando algum interesse público (ou de outro particular) que possa ser afetado pelo exercício dessa mesma liberdade. Mas como balancear esses interesses? O Estado usa a regulação como forma de balizar esse polêmico e eterno dilema.

---

[52] Para uma discussão profunda sobre os princípios da ordem econômica vide GRAU, Eros Roberto. **A Ordem Econômica na Constituição de 1988**. 13ª ed. São Paulo: Malheiros, 2008.

5. Setores regulados no Brasil

Como visto, de forma geral, o exercício da atividade econômica em nosso país é livre para todos que quiserem exercê-la, desde que preenchidos os eventuais requisitos legais aplicáveis. A regulação deve ser a exceção[53], sempre visando a algum interesse público que não limite desmotivadamente o investidor ou empreendedor. A não regulação ou a regulação excessiva podem levar a uma série de efeitos negativos, incluindo injustiças, concentrações e até mesmo crises empresariais de grandes proporções. É por meio da regulação da atividade econômica que o Estado pode estimular o desenvolvimento de um país, bem como o empreendedorismo em geral. No caso do Brasil, como vimos, o nosso sistema é o do capitalismo, baseado nos institutos da propriedade privada, livre iniciativa e livre concorrência (livre mercado) e liberal (prevalecendo um maior grau de liberdade nas escolhas econômicas), apesar da grande participação do Estado como vimos e veremos.

O Estado brasileiro atua basicamente de duas diferentes formas sobre a atividade econômica: (a) INTERVENÇÃO DIRETA, seja prestando serviços públicos diretamente, seja realizando atividades econômicas atreladas, por exemplo, a questões relacionadas à segurança nacional ou de interesse coletivo, atuando em forma competitiva, monopolística ou em parceria; ou (b) INTERVENÇÃO INDIRETA, seja exercendo seu poder de polícia, seja regulando, normatizando, incentivando, fiscalizando, punindo e planejando.

Para fins deste livro, é mais interessante estudarmos a segunda forma de atuação do Estado, a atuação indireta. Por ela, justifica-se a existência das chamadas "agências regulatórias"[54], que em tese teriam 7 (sete) funções, quais sejam: (1) formatação de determinadas atividades; (2) realização de licitações; (3) fiscalização de regras e contratos; (4) sanção a infratores; (5) ouvidoria de usuários (ex. audiência pública); (6) arbitramento de conflitos; e (7) emissão de pareceres técnicos a outros órgãos do Estado. Destacam-se as seguintes agências regulatórias em nosso país: Agência Nacional

---

[53] Vide artigo 170, parágrafo único da Constituição Federal de 1988: "É assegurado a todos o livre exercício de qualquer atividade econômica, independentemente de autorização de órgãos públicos, salvo nos casos previstos em lei".

[54] Para uma discussão profunda sobre a atuação e os limites das agências reguladoras vide Aragão, Alexandre Santos de (coord.) **O poder normativo das agências reguladoras**. 2ª ed. Rio de Janeiro: Forense, 2011.

do Petróleo, Gás Natural e Biocombustíveis (ANP); Agência Nacional de Telecomunicações (ANATEL); Agência de Vigilância Sanitária (ANVISA); Agência Nacional de Saúde Suplementar (ANS); Agência Nacional das Águas (ANA); Agência Nacional de Transportes Aquaviários (ANTAQ); Agência Nacional de Energia Elétrica (ANEEEL), dentre outras. Vale mencionar ainda os seguintes órgãos que fazem às vezes de agência regulatória, apesar de juridicamente terem a natureza de autarquias: (a) Comissão de Valores Mobiliários ("CVM"); (b) Banco Central do Brasil ("BACEN"); e (c) Conselho Administrativo de Defesa Econômica ("CADE").

É importante destacar, ainda, que a regulação sobre a atividade econômica no Brasil possui algumas restrições a investimento estrangeiro em algumas situações consideradas "estratégicas", tais como atividades em "faixa de fronteira"[55]; "propriedades rurais"[56], envolvendo "assistência à saúde"[57], "jornalismo e radiodifusão[58]" e "empresas aéreas"[59].

---

[55] De acordo com o artigo 20, §2º da Constituição Federal de 1988, regulamentado pela Lei nº 6.634/79, a atividade nessas áreas deve ser fiscalizada pelo Conselho Nacional de Segurança e a participação de estrangeiros em empresas que operam nessas áreas não poderá ultrapassar o equivalente a 49% do capital, sua administração só poderá ser exercida por brasileiros e 2/3 dos seus trabalhadores devem ser brasileiros.

[56] Vide artigo 190 da Constituição Federal de 1988 e Leis nº 6.383/1976, 6969/1981 e 1414/1975.

[57] Lei nº 13.097/2015, artigo 142. A Lei nº 8.080, de 19 de setembro de 1990, passa a vigorar com as seguintes alterações: "Art. 23. É permitida a participação direta ou indireta, inclusive controle, de empresas ou de capital estrangeiro na assistência à saúde nos seguintes casos: I – doações de organismos internacionais vinculados à Organização das Nações Unidas, de entidades de cooperação técnica e de financiamento e empréstimos; II – pessoas jurídicas destinadas a instalar, operacionalizar ou explorar: a) hospital geral, inclusive filantrópico, hospital especializado, policlínica, clínica geral e clínica especializada; e b) ações e pesquisas de planejamento familiar; III – serviços de saúde mantidos, sem finalidade lucrativa, por empresas, para atendimento de seus empregados e dependentes, sem qualquer ônus para a seguridade social; e IV – demais casos previstos em legislação específica." (NR) "Art. 53-A. Na qualidade de ações e serviços de saúde, as atividades de apoio à assistência à saúde são aquelas desenvolvidas pelos laboratórios de genética humana, produção e fornecimento de medicamentos e produtos para saúde, laboratórios de análises clínicas, anatomia patológica e de diagnóstico por imagem e são livres à participação direta ou indireta de empresas ou de capitais estrangeiros."

[58] Vide artigo 222 da Constituição Federal de 1988, regulada pela Lei nº 10.610/2002, que limita a 70% do capital de brasileiros, reservando o editorial a brasileiros natos ou naturalizados há mais de 10 anos ou a pessoa jurídica brasileira.

[59] Vide artigo 181 do Código Brasileiro de Aeronáutica (Lei nº 7.565/1986). "Art. 181. A concessão somente será dada à pessoa jurídica brasileira que tiver: I – sede no Brasil; II – pelo menos 4/5 (quatro quintos) do capital com direito a voto, pertencente a brasileiros,

AMBIENTE EMPRESARIAL BRASILEIRO E A SUA REGULAÇÃO

Por fim, ainda no tocante à regulação da atividade econômica no Brasil, vale destacar a chamada "tutela da concorrência ou da competição", ainda mais em um mercado cada vez mais globalizado, com crescente evolução tecnológica em que vivemos. O "jogo limpo" ou "fair game" é mais do que imprescindível para que o agente econômico possa se sentir seguro e investir em um mercado repleto de incertezas e complexidades. Competir de forma lícita é fundamental para que se possa garantir um ambiente saudável e perene para todos.

Em tese, deve-se proteger a competição justa por pelo menos 4 (quatro) grandes motivos: (a) para garantir que uma empresa cresça organicamente e que seus benefícios externos possam ser gerados da melhor forma possível (ex. empregos, arrecadação de tributos e bons produtos à sociedade); (b) evitar eventual abuso do poder econômico, desta forma evitando práticas anticoncorrenciais e que prejudiquem consumidores; (c) evitar eventual deslealdade competitiva entre agentes de mercado; e (d) evitar uma competição internacional desleal, gerando efeitos negativos até mesmo entre países e outros mercados. No Brasil, com estratégias regulatórias que variam entre controles preventivo e repressivo, várias são as leis que atualmente disciplinam o tema, com destaques para as Leis nº 9.276/1996 e 12.529/2011.

Em nosso país, conforme já visto, a livre concorrência é princípio da ordem econômica previsto no artigo 170, IV da Constituição Federal de 1988. É papel do Estado brasileiro, de acordo com o artigo 173, §4º do texto constitucional, reprimir todo abuso de poder econômico que vise à dominação de mercados, eliminação da concorrência e ao aumento arbitrário de lucros[60].

---

prevalecendo essa limitação nos eventuais aumentos do capital social; e III – direção confiada exclusivamente a brasileiros. § 1° As ações com direito a voto deverão ser nominativas se se tratar de empresa constituída sob a forma de sociedade anônima, cujos estatutos deverão conter expressa proibição de conversão das ações preferenciais sem direito a voto em ações com direito a voto. § 2° Pode ser admitida a emissão de ações preferenciais até o limite de 2/3 (dois terços) do total das ações emitidas, não prevalecendo as restrições não previstas neste Código. § 3° A transferência a estrangeiro das ações com direito a voto, que estejam incluídas na margem de 1/5 (um quinto) do capital a que se refere o item II deste artigo, depende de aprovação da autoridade aeronáutica. § 4° Desde que a soma final de ações em poder de estrangeiros não ultrapasse o limite de 1/5 (um quinto) do capital, poderão as pessoas estrangeiras, naturais ou jurídicas, adquirir ações do aumento de capital.

[60] Sobre o tema, vide BAGNOLI, Vicente. **Direito Econômico e Concorrencial**. 7ª ed. São Paulo: Thomson Reuters/RT, 2017.

6. Judicialização e o ambiente de negócios

Outro problema do nosso ambiente empresarial é o alto grau de judicialização de conflitos das mais variadas naturezas. O Ministro do Supremo Tribunal Federal Luís Roberto Barroso destaca que há uma crescente judicialização de diversos assuntos em nosso país, incluindo os de natureza ética, econômica, política e social. Temas de importância geral ou de caráter dramático acabam sendo discutidos pelo Poder Judiciário, fenômeno chamado de "judicialização". Para o Ministro, a judicialização dá-se de forma quantitativa (explosão da litigiosidade nos últimos anos) e qualitativa (pessoas e demais Poderes incapazes de resolver questões sem o Judiciário).[61]

Nosso Poder Judiciário é moroso e seu congestionamento[62] proporciona uma série de externalidades negativas, levando a uma inevitável e grave sensação de insegurança jurídica. Tal sensação leva à inibição de investimentos e arrefecimento geral da atividade econômica. Elevam-se os riscos e os custos de crédito na economia como um todo, prejudicando a nossa inserção e competitividade no mercado global[63].

A judicialização toma uma magnitude maior em nosso país após o advento da CF/88, tal como anteriormente comentado. Se todos temos direito a tudo e o Poder Judiciário não está devidamente aparelhado para garantir a oferta desses direitos, é inevitável que haja uma hipertrofia do sistema. A morosidade para se obter a resposta final do Poder Judiciário é totalmente indesejável em um mundo empresarial cada vez mais ágil em suas decisões diárias. Como conciliar a garantia de direitos individuais e sociais e, ao mesmo tempo, oferta-los na prática de forma eficiente?[64] Estamos na chamada "Era dos Direitos", na linguagem do jusfilósofo Norberto Bobbio. Ele reconhece que, em matéria de reconhecimento de direi-

---

[61] Cf. BARROSO, Luís Roberto. **A judicialização da vida e o papel do Supremo Tribunal Federal**. Belo Horizonte: Fórum, 2018, 21-24.

[62] Vide Relatório do Conselho Nacional de Justiça "Justiça em Números", edição de 2017 in http://www.cnj.jus.br/programas-e-acoes/pj-justica-em-numeros, acesso em 11/03/2018. Segundo esse estudo, a taxa de congestionamento do nosso Poder Judiciário está na taxa de 73%. (69,3% desconsiderando os casos suspensos, sobrestados ou em arquivo provisório aguardando alguma situação jurídica futura).

[63] Cf. AMADOR, Clarisse Pachedo. **O problema da morosidade no Judiciário**. Curitiba, Appris, 2016, p. 148-149.

[64] Sobre a importância sobre o estudo conjunto de direito e economia, em especial sobre os efeitos da judicialização, vide SADDI, Jairo; PINHEIRO, Armando Castelar. **Direito, Economia e Mercados**. Rio de Janeiro: Elsevier/Campus, 2005, p. 3 a 11.

tos, a Humanidade avançou muito nas últimas décadas, sinalizando um "progresso moral". Seriam direitos novos e mais extensos, mas nem sempre efetivados na prática. Uma coisa é garantir direitos individuais; outra, totalmente diferente, é garantir direitos sociais. As pretensões são maiores e mais difíceis na prática.[65] Temos recursos suficientes para tanto? Para Fabiana Silveira, os problemas do nosso Poder Judiciário estão relacionados ao seu alto custo, à sua morosidade, ao seu formalismo procedimental e de linguajar, ao excesso de recursos e à forma de atendimento ao público, demandando reformas urgentes, muitas delas que iremos analisar mais adiante[66]. Em capítulos posteriores, veremos alguns desses reflexos com mais pormenores.

[65] Cf. BOBBIO, Norberto. **A Era dos Direitos**. São Paulo: Campus, 2004 (1992), p. 80.
[66] Cf. SILVEIRA, Fabiana Rodrigues. **A morosidade no Poder Judiciário e seus reflexos econômicos**. Porto Alegre: Sergio Antonio Fabris, 2007, p. 196.

Parte 2
Início e estruturação das atividades

> *"...o empreendedorismo envolve a criação de ideias, a sua avaliação e, em última análise, a sua conversão em algo novo e tangível de várias formas, essencialmente por parte de uma ou várias pessoas. Invariavelmente, isso envolve a criação de um novo negócio para desenvolver oportunidades identificadas para que sejam disponibilizadas a potenciais consumidores e usuários..."*[67].

Neste segundo capítulo vamos estudar, à luz do Direito brasileiro, como o empreendedor inicia e estrutura a sua atividade econômica, considerando as principais opções disponíveis e as suas vantagens e desvantagens comparativas. O chamado "planejamento prévio" é imprescindível ao empreendedor e a sua falta é, estatisticamente, a principal causa de insucesso de diversos empreendedores despreparados sobre o ambiente empresarial brasileiro e as suas peculiaridades[68]. Não se pode simplesmente iniciar uma atividade empresarial e ignorar alguns passos preliminares importantes, colocando sob um risco desnecessário todos os investimentos aportados e certamente frustrando as expectativas geradas em todos os envolvidos[69].

---

[67] BARON, Robert A. **Essentials of Entrepreneurship: evidence and practice.** EUA: Edward Elgar, 2014, p. 4 (tradução livre nossa).

[68] Vide pesquisa *"Causa Mortis – O sucesso e o fracasso das empresas nos primeiros 5 anos de vida"*, do SEBRAE, realizada em 2014, disponível em https://m.sebrae.com.br/Sebrae/Portal%20Sebrae/UFs/SP/Anexos/causa_mortis_2014.pdf, acesso em 8/10/2017.

[69] São inúmeras as publicações nacionais e internacionais que buscam orientar o empreendedor nessa fase inicial. Vide BRITCHAM BRASIL. **Doing Business in Brazil.** São Paulo: Britcham

1. Protegendo a propriedade intelectual e os signos distintivos

Em um mundo cada vez mais globalizado e desmaterializado, é fundamental ao empreendedor se preocupar com a proteção de seus bens intangíveis, que incluem suas marcas[70], patentes[71], nome empresarial[72], desenhos industriais[73], nome de domínio[74] e software[75] entre outros direitos que possam lhe render verdadeiros diferenciais competitivos. São bens e direi-

---

Brasil, 2005; FIGUEIRA, JANAHIM DIAS; e BERNARDINO, Estevão Augusto. **Manual do Direito dos Investimentos Estrangeiros no Brasil**. Rio de Janeiro: Lumen Juris, 2013; e BRAIN. **O ambiente de negócios brasileiro: realidade e desafios.** São Paulo: Brain, 2014.

[70] Sobre o processo de construção de uma marca, sob o ponto de vista do *design* e comunicação, vide PETIT, Francesc. **Marca e seus personagens**. São Paulo: Futura: 2003.

[71] Para uma análise sucinta sobre a Lei de Propriedade Industrial brasileira ("LPI"), Lei nº 9.279, de 14.05.1996, vide STRENGER, Irineu. **Marcas e Patentes**. Rio de Janeiro: Forense, 1996.

[72] Para o professor Fabio Ulhoa Coelho, nome empresarial é "...aquele com que [o empresário] se apresenta nas relações econômicas... identifica o sujeito que exerce a empresa (o empresário). COELHO, Fábio Ulhoa. **Novo Manual de Direito Comercial – Direito de Empresa**. 29ª ed. São Paulo: Thomson Reuters/RT, 2017, p. 105. Especificamente sobre o tema, vide ADENSOHN DE SOUZA, Daniel. **Proteção do nome de empresa no Brasil**. São Paulo: Saraiva, 2013.

[73] Para a professora Elisabete Vido, desenho industrial é "...a forma de objetos que, com seus traços e cores, apresenta um resultado visual novo e que pode servir de modelo de fabricação industrial". VIDO, Elisabete. **Curso de Direito Empresarial**. 5ª ed. São Paulo: Thomson Reuters, 2017, p. 123.

[74] Vide Resolução nº 8 do Comitê Gestor da Internet no Brasil, de 28/11/2008, conforme alterada.

[75] A proteção da propriedade intelectual de programa de computador no Brasil está regulada, entre diversos normativos, pela Lei n. 9.609, de 19/2/1998. Aplica-se à proteção da propriedade intelectual de programa de computador o regime jurídico dos direitos autorais e conexos vigentes no Brasil, com as especificidades da Lei n. 9.609/1998. Vale destacar que o prazo de proteção aos direitos relativos a programa de computador é de 50 anos contados a partir de 1º de janeiro do ano subseqüente ao da sua publicação ou, na ausência desta, da sua criação, e a referida proteção independe de um ato de registro específico. Tal registro é facultativo e feito perante o Instituto Nacional da Propriedade Industrial ("INPI"), devendo ser feito caso seja objeto de algum contrato de licença, comercialização ou transferência de tecnologia a terceiros e para uma eventual remessa de royalties ao exterior via registro junto ao Banco Central do Brasil. Referida lei também obriga àquele que comercializar um software no Brasil a, durante o prazo de validade técnica da respectiva versão, assegurar aos respectivos usuários a prestação de serviços técnicos complementares relativos ao adequado funcionamento do programa, consideradas as suas especificações. No artigo 12 da referida lei há uma série de condutas que constituem violações a direitos de autor de programas de computador, bem como a previsão das respectivas penalidades. Sobre o tema vide AMAD, Emir. **Contrato de desenvolvimento de *software* e suas peculiaridades** *in* PEREIRA JUNIOR, Antonio Jorge; e JABUR, Gilberto Haddad (coord.) Direito dos Contratos II. São Paulo: Quartier Latin: 2008, p. 117-136.

INÍCIO E ESTRUTURAÇÃO DAS ATIVIDADES

tos que resultam da inteligência e da inovação humana e que possuem um potencial de mercado, portanto passíveis de proteção jurídica para que seu titular possa extrair o benefício econômico desejado sem perturbações de terceiros[76] e, ao mesmo tempo, sem causar efeitos sociais negativos[77].

Protege-se não só o inventor, mas também uma concorrência leal[78] em um mercado cada vez mais competitivo e imaterial. Nesse sentido, é importante destacar o princípio da prioridade nesse primeiro passo do empreendedor. Em outras palavras, o Direito de uma forma geral e praticamente em todo o mundo entende que aquele que primeiro empreendeu, primeiro explorou uma determinada propriedade intelectual, primeiro pediu um registro de marca ou patente (*first to file*), primeiro usufruiu de um direito imaterial, deveria, em tese, ter a prioridade de sua titularidade. Claro que há exceções pontuais a serem trabalhadas em casos específicos[79], mas o princípio norteia diversas leis e justificam a chamada "busca prévia" do empreendedor. Além de ser uma recomendável estratégia de *marketing*, quem pretende empreender precisa investigar se os signos distintivos a serem utilizados já não estão sendo empregados por outrem, que possam gerar confusão ou colidência. Deve-se, por exemplo, investigar se um nome empresarial já consta previamente protegido nos bancos de dados de Juntas Comerciais estaduais, assim como se uma marca já está previamente protegida junto ao INPI. É fundamental, portanto, que se faça essa busca

---

[76] De acordo com o artigo 5º, XXIX da CF/88, "a lei assegurará aos autores de inventos industriais privilégio temporário para sua utilização, bem como proteção às criações industriais, à propriedade das marcas, aos nomes das empresas e a outros signos distintivos...".

[77] Para uma visão geral sobre os direitos de propriedade intelectual no Brasil, recomendamos a abrangente obra do Professor Newton Silveira, uma referência sobre o tema em nosso país: SILVEIRA, Newton. **Propriedade Intelectual.** São Paulo: Manole, 2011. Outra obra bastante interessante é a de PAESANI, Liliana Minardi. **Manual de Propriedade Intelectual.** São Paulo, Atlas, 2012.

[78] No Brasil, a concorrência desleal é combatida por diversas leis, em especial a LPI, além de diversos tratados e convenções internacionais dos quais o Brasil é signatário com posterior ratificação pelo nosso Congresso Nacional.

[79] Exemplo de exceção é o princípio da especificidade ou especialidade, utilizado na proteção de marcas e destinado para determinados ramos de atividades em que o produto ou serviço é comercializado. Em situações de conflito, prevalece a proteção mais específica, até para não criar uma proteção exagerada, um verdadeiro monopólio injustificado que crie barreiras a demais empreendedores.

prévia para se verificar se um signo distintivo possui prioridade por outro empreendedor antes de utilizá-lo em seu próprio benefício[80].

É importante lembrar, ainda, que os artigos 183 e seguintes da LPI listam uma série de crimes contra a propriedade intelectual dignos de comentários, como por exemplo: (i) fabricar produto que seja objeto de patente de invenção ou de modelo de utilidade, sem autorização do titular; (ii) usar meio ou processo que seja objeto de patente de invenção, sem autorização do titular; e (iii) reproduzir, sem autorização do titular, no todo ou em parte, marca registrada, ou imitá-la de modo que possa induzir confusão; ou alterar marca registrada de outrem já aposta em produto colocado no mercado.

Destaca-se que as proteções à propriedade intelectual balanceiam ao menos três interesses muito distintos, mas complementares entre si: (a) os do investidor/empreendedor (livre iniciativa/liberdade para empreender/propriedade privada); (b) os dos concorrentes (livre concorrência/concorrência leal); e (c) os dos consumidores (mais e melhores produtos e serviços com plena informação e com preços competitivos e acessíveis).

Segue uma tabela comparativa com os principais signos distintivos, a sua forma de proteção e sua definição (e objetivo) de acordo com o Direito brasileiro:

Signo Distintivo	Proteção Jurídica	Principais Características
Marca	Registro junto ao INPI	Sinal gráfico ou figurativo distintivo visualmente perceptível → distinção de produtos e serviços
Patente	Registro junto ao INPI	Título de propriedade sobre uma invenção (patente de invenção) ou modelo de utilidade → monopólio de exploração

---

[80] Os tribunais brasileiros vêm decidindo no sentido de que o mero uso indevido da marca configura dano moral à pessoa jurídica, pois se consideram atingidas, de forma presumida, sua reputação, sua credibilidade e sua imagem perante o mercado e seus *stakeholders*, bastando a mera comprovação desse uso ilícito (ou seja, sequer precisaria haver a demonstração de prejuízos concretos da pessoa jurídica lesada). Vide entendimento da 4ª Turma do STJ no Recurso Especial n. 1.327.773, relatado pelo Min. Luis Felipe Salomão, julgado em 28/11/17.

Nome Empresarial	Registro na Junta Comercial (sociedades empresárias ou cooperativas) ou no Cartório de Registro de Pessoas Jurídicas (demais pessoas jurídicas)	Identifica o empresário pessoa física ou pessoa jurídica → proteção do crédito e da clientela
Título de Estabelecimento	Proteção indireta por meio dos crimes previstos na LPI e na legislação civil	Elemento identificador do estabelecimento e do ponto comercial
Nome de Domínio	Registro na plataforma Registro.br (para nomes de domínio que terminem com ".br") → www.registro.br	Localizar e identificar conjuntos de computadores na Internet → facilitar a memorização dos endereços de computadores na rede mundial de computadores
Trade Dress	Proteção indireta – proteção geral prevista no artigo 5º, XXIX da CF/88 e por meio dos crimes previstos na LPI	Conjunto de características de um produto → identificação de um produto
Software	Independe de registro, exceto no caso de cessão de direitos para terceiros e/ou efeito para terceiros	Expressão de um conjunto organizado de instruções em linguagem natural ou codificada, contida em suporte físico de qualquer natureza, de emprego necessário em máquinas automáticas de tratamento da informação, dispositivos, instrumentos ou equipamentos periféricos, baseados em técnica digital ou análoga, para fazê-los funcionar de modo e para fins determinados

2. Os principais "veículos" do empreendedor

O empreendedorismo pode ser realizado por diversos meios, cada qual com vantagens e desvantagens e com distintas proteções jurídicas em nosso país. São vários os fatores que podem influenciar nessa escolha, que serão discutidos em detalhes neste item. O empreendedor pode simplesmente realizar a sua atividade econômica como pessoa física[81] ou por meio de

---

[81] De acordo com o portal Empresômetro, 57,03% de todas as empresas em atividade no Brasil são exercidas pela modalidade cuja natureza jurídica é "empresário individual". Vide https://www.empresometro.com.br/Home/Estatisticas, acesso em 08/10/2017.

uma pessoa jurídica especialmente constituída para tal finalidade, opções totalmente distintas e que podem endereçar momentos e preocupações específicas.

a. Como pessoa física

O empreendedor que atua como pessoa física é chamado, em nosso país, de empresário individual[82]. Para atuar, ele precisa ter sua firma individual devidamente registrada perante a Junta Comercial do Estado na localidade em que for exercer a sua atividade[83]. Para ser empresário no Brasil basta preencher os requisitos constantes do artigo 966 do CC/02, quais sejam: (a) exercer uma atividade econômica; (b) de forma profissional; (c) voltada para a produção ou a circulação de bens ou de serviços; e (d) não exercer profissão intelectual, de natureza científica, literária ou artística, ainda com auxiliares e colaboradores, salvo se o exercício da profissão constituir elemento de empresa[84].

O empresário individual pode, ainda, atuar como Microempreendedor Individual (MEI)[85], mas terá que limitar seu faturamento anual a um determinado patamar máximo fixado em lei (atualmente de até R$ 81 mil) e não poderá ter participação em outra empresa como sócio ou titular[86]. Dentre as vantagens que a MEI possui destacam-se as seguintes: (a) recolhimento de tributos abrangidos pelo Simples Nacional em valores fixos mensais, independentemente da receita bruta mensal auferida; (b) utilizar sua residência como sede do estabelecimento (quando não for indispensável a existência de local próprio para o exercício da atividade); (c) possuir um único empregado que receba exclusivamente um salário mínimo ou o piso salarial da categoria profissional; e (d) tratamento mais favorecido por parte da tributação municipal do tributo sobre imóveis prediais urbanos para a realização de sua atividade no mesmo local em que residir

---

[82] Nessa análise não estamos considerando os empreendedores informais, que sequer registro possuem.

[83] Artigo 32, II, "a" da Lei nº 8.934, de 18/11/1994 e artigo 967 e seguintes do CC/02.

[84] Para uma boa discussão sobre esses requisitos vale a leitura de Tzirulnik, Luiz. **Empresas & Empresários no novo Código Civil – Lei nº 10.406, de 10.0.2002**. São Paulo: RT, 2003.

[85] Para mais informações e estatísticas sobre MEI vide http://www.portaldoempreendedor. gov.br/estatisticas, acesso em 08/10/2017.

[86] Vide Lei Complementar nº 123, de 14/12/2006, conforme alterada. De acordo com o seu artigo 18-E, "o instituto do MEI é uma política pública que tem por objetivo a formalização de pequenos empreendimentos e a inclusão social e previdenciária".

INÍCIO E ESTRUTURAÇÃO DAS ATIVIDADES

(menor alíquota vigente para aquela localidade, com eventual isenção ou imunidade).

Outra forma de empreendedorismo na pessoa física é o realizado pelo empresário rural[87]. De acordo com os artigos 970 e 971 do CC/02, a lei assegurará tratamento favorecido, diferenciado e simplificado ao empresário rural quanto à inscrição e aos efeitos daí decorrentes, podendo seu titular requerer inscrição no Registro Público de Empresas Mercantis da respectiva sede, caso em que, depois de inscrito, ficará equiparado, para todos os efeitos, ao empresário sujeito a registro.

De forma geral, empreender como pessoa física traz uma série de vantagens que podemos resumir abaixo:

a) Ter todo o fluxo de resultados para si, não precisando dividir com qualquer outra pessoa;

b) Ter total autonomia decisória, podendo determinar os rumos da sua atividade com total liberdade;

c) Não enfrentará qualquer conflito de interesses por não ter qualquer contraparte que imponha restrições ao seu processo decisório;

d) Ter rapidez decisória, não precisando passar por qualquer procedimento preliminar ou discussão;

e) Terá mais mobilidade e liberdade tanto fisicamente quanto na sua própria atividade produtiva, tendo menos burocracia/formalidades para percorrer em geral; e

f) Baixo custo fixo, com controle gerencial muito próximo.

Em contrapartida, o empreendedor pessoa física notará rapidamente várias desvantagens nesse modelo de negócios, dentre os quais:

a) Sua responsabilidade por dívidas será pessoal e ilimitada, não havendo uma clara separação patrimonial entre os seus bens individuais e aqueles dedicados à atividade empresarial;

b) Referido risco de responsabilização pessoal e ilimitada o impedirá de colocar os bens sociais como garantia para obtenção de crédito junto a terceiros, que logo demandarão garantias adicionais pesso-

---

[87] De acordo com o portal Empresômetro, 2,64% de todas as empresas em atividade no Brasil são exercidas pela modalidade cuja natureza jurídica é "produtor rural – pessoa física". Vide https://www.empresometro.com.br/Home/Estatisticas, acesso em 08/10/2017.

ais do empreendedor (ou até mesmo de terceiros) como reforço e conforto do credor;

c) Não conseguirá fazer um amplo planejamento tributário, pois todas as vantagens tributárias que existem para esse "mundo" da pessoa física requerem que o empreendedor permaneça com limitadas faixas de faturamento e receita, que não cresça tanto, que não tenha sofisticadas estruturas societárias;

d) Perceberá que os seus problemas pessoais e familiares sempre afetarão significativamente os seus negócios, não havendo uma clara governança entre essas esferas; e

e) Seu custo de transação crescerá exponencialmente, provocando uma inevitável formalização da estrutura, para um melhor gerenciamento dos fatores de produção.

b. Como pessoa jurídica

Empreender como pessoa jurídica, por sua vez, traz inúmeras vantagens, permitindo economias de escala[88] e de escopo[89], opções de planejamentos tributários, separação patrimonial e responsabilidade limitada dos seus membros/sócios, redução do custo de transação e perenidade da atividade econômica. Em nosso país, de acordo com o artigo 44 do CC/02, são 6 (seis) as pessoas jurídicas de direito privado, quais sejam: organizações religiosas, partidos políticos, associações, sociedades, fundações e as empresas individuais de responsabilidade limitada ("EIRELI"). Neste livro, trataremos das quatro últimas.

i. Associações

Elas são inúmeras em nosso país[90], sendo a natureza jurídica de muitos asilos, orfanatos, santas casas, torcidas organizadas, clubes recreativos, asso-

---

[88] De acordo com Mankiw, é "...a propriedade segundo a qual o custo total médio cai com o aumento da quantidade produzida". MANKIW, N. GREGORY. **Introdução à Economia**. Trad. 6ª ed. São Paulo: Cengage: 2014, p. 256.

[89] Trata-se do mesmo conceito, mas aplicável ao número de atividades realizadas na mesma estrutura de custos fixos.

[90] De acordo com o portal Empresômetro, 3,78% de todas as pessoas jurídicas em atividade no Brasil são exercidas pela modalidade cuja natureza jurídica é "associação privada". Vide https://www.empresometro.com.br/Home/Estatisticas, acesso em 03/11/2017. Para um aprofundamento sobre o tema, sugerimos as boas obras TEIXEIRA, Wendel de Brito Lemos. **Manual das Associações Civis.** 2a. ed. Belo Horizonte: Del Rey, 2014; ALVES, Francisco de

INÍCIO E ESTRUTURAÇÃO DAS ATIVIDADES

ciações profissionais, creches, museus, entre outras entidades que estão espalhadas por todos os setores e atividades econômicas. Reguladas nos artigos 53 a 61 do CC/02, as associações possuem as seguintes características gerais em nosso país:

a) não podem exercer atividades lucrativas;

b) seus membros são denominados "associados";

c) os associados não possuem, entre si, direitos e obrigações recíprocos;

c) seu principal documento normativo é denominado "estatuto social", que deverá conter os requisitos mínimos descritos no artigo 54 do CC/02;

d) seus associados devem ter direitos iguais, mas o estatuto social poderá instituir categorias com vantagens especiais;

e) a qualidade do associado é intransmissível, salvo se o estatuto social dispuser em sentido contrário;

f) pode-se excluir um associado só se for por justa causa, assegurado o direito de defesa e de recurso e de acordo com o procedimento previsto no estatuto social;

g) dissolvida a associação, a regra geral é a de que eventual remanescente do seu patrimônio líquido será destinado à entidade de fins não econômicos designada no estatuto, ou, omisso este, por deliberação dos associados, à instituição municipal, estadual ou federal, de fins idênticos ou semelhantes, salvo se houver cláusula estatutária ou deliberação dos associados determinando a restituição de valores aquém tiver contribuído anteriormente ao patrimônio da associação; e

h) determinadas associações gozam de imunidade tributária à luz do disposto no artigo 150, VI, "c" da CF/88[91].

Assis. **Associações, Sociedades e Fundações no Código Civil de 2002 – Perfil e Adaptações.** 2ª ed. São Paulo: Juarez de Oliveira, 2005; e FRAZÃO, Ana; GONÇALVES, OKSANDRO; e CAMINHA, Uinie (org.). **Associações: constituição, fundamentos e perspectivas.** Rio de Janeiro: Processo, 2017.

[91] Art. 150. Sem prejuízo de outras garantias asseguradas ao contribuinte, é vedado à União, aos Estados, ao Distrito Federal e aos Municípios: ... VI – instituir impostos sobre: ... c) patrimônio, renda ou serviços dos partidos políticos, inclusive suas fundações, das entidades sindicais dos trabalhadores, das instituições de educação e de assistência social, sem fins lucrativos, atendidos os requisitos da lei.

ii. Fundações

As fundações[92], por sua vez, encontram-se reguladas nos artigos 62 a 69 do CC/02. Em síntese, as fundações caracterizam-se por:

a) Não ter sócio ou associado;

b) Poder ser criada por escritura pública (em vida) ou por testamento (após a morte do instituidor);

c) Ser uma verdadeira dotação patrimonial de bens livres para uma determinada finalidade, cuja atividade só poderá ser para assistência social; cultura, defesa e conservação do patrimônio histórico e artístico; saúde; segurança alimentar e nutricional; defesa, preservação e conservação do meio ambiente e promoção do desenvolvimento sustentável; pesquisa científica, desenvolvimento de tecnologias alternativas, modernização de sistemas de gestão, produção e divulgação de informações e conhecimentos técnicos e científicos; promoção da ética, da cidadania, da democracia e dos direitos humanos; e atividades religiosas;

d) Os bens destinados à fundação devem ser suficientes para os fins a que ela se propõe, sob pena de serem incorporados a outra fundação de mesma ou igual finalidade;

e) O Ministério Público estadual velará sempre pelas fundações (constituição, alteração e funcionamento);

f) Se a finalidade da fundação se tornar ilícita, impossível ou inútil ou vencido o seu prazo de existência, o Ministério Público ou qualquer interessado pode pedir a sua extinção, incorporando o seu patrimônio em outra fundação de igual ou semelhante fim, salvo disposição estatutária em sentido contrário; e

---

[92] Para uma análise detalhada sobre as fundações privadas no Brasil, vide "As fundações privadas e associações sem fins lucrativos do no Brasil", edição de 2010, elaborada pelo IBGE e pelo IPEA, disponível em https://biblioteca.ibge.gov.br/visualizacao/livros/liv62841.pdf, acesso em 03/11/2017. Há uma interessante bibliografia sobre fundações que recomendamos: GRAZZIOLI, AIRTON; e RAFAEL, EDSON JOSÉ. **Fundações Privadas – Doutrina e Prática**. São Paulo: Atlas, 2009; GRAZZIOLI, AIRTON. **Fundações Privadas – das relações de poder à responsabilidade dos dirigentes**. São Paulo: Atlas, 2011; DINIZ, Gustavo SAAD. **Direito das Fundações Privadas – Teoria Geral e Exercício de Atividades Econômicas**. 2ª ed. São Paulo: Síntese, 2003; e PAES, José Eduardo Sabo. **Fundações, Associações e Entidades e Interesse Social**. 9ª ed. Rio de Janeiro: Forense, 2017.

g) Determinadas fundações gozam de imunidade tributária à luz do disposto no artigo 150, VI, "c" da CF/88[93].

iii. EIRELI

A EIRELI foi criada pela Lei nº 12.441, de 11.07.2011, incluindo o artigo 980-A no CC/02. Até então, não havia no Brasil qualquer estrutura jurídica (pessoa jurídica) para somente um empreendedor, pessoa física que precisava sempre ter um sócio, muitas vezes com uma só cota ou ação (comumente chamado de "sócio laranja" ou "sócio presta-nome"). Era realmente um grande inconveniente e até mesmo uma situação jocosa no meio empresarial, porque não se podia simplesmente ter ou manter, por tempo indeterminado uma sociedade unipessoal (só de forma incidental, como no caso da morte ou saída de um sócio) até a criação da EIRELI[94], com a exceção da subsidiária integral, prevista no artigo 251 da Lei das Sociedades por Ações ("LSA").

No entanto, a EIRELI veio com uma regulação bastante contestada pelo meio jurídico e com diversas polêmicas[95]. Em síntese, a EIRELI possui as seguintes características básicas:

a) Trata-se de uma pessoa jurídica de direito privado que pode exercer a atividade empresarial, ou seja, pode aferir e distribuir lucros ao seu titular;

---

[93] Art. 150. Sem prejuízo de outras garantias asseguradas ao contribuinte, é vedado à União, aos Estados, ao Distrito Federal e aos Municípios: ... VI – instituir impostos sobre: ... c) patrimônio, renda ou serviços dos partidos políticos, inclusive suas fundações, das entidades sindicais dos trabalhadores, das instituições de educação e de assistência social, sem fins lucrativos, atendidos os requisitos da lei.

[94] De acordo com o portal Empresômetro, 2,44% de todas as empresas em atividade no Brasil são exercidas pela modalidade cuja natureza jurídica é "empresa individual de responsabilidade limitada". Vide https://www.empresometro.com.br/Home/Estatisticas, acesso em 11/03/2018.

[95] As diversas polêmicas sobre a forma pela qual a EIRELI foi trazida e regulada em nosso país estão muito bem descritas nas seguintes obras: CARDOSO, Paulo Leonardo Vilela. **O empresário de responsabilidade limitada**. São Paulo: Saraiva, 2012; ABRÃO, Carlos Henrique. **Empresa Individual**. 2ª ed. São Paulo: Atlas, 2015; BRUSCATO, Wilges Adriana. **Empresário Individual de Responsabilidade Limitada de acordo com o novo Código Civil**. São Paulo: Quartier Latin, 2012; BRUSCARO, Wilges Adriana. **Empresa Individual de Responsabilidade Limitada – EIRELI – Comentários à Lei 12.441/2001**. São Paulo: Malheiros, 2016; TRAVASSOS, Marcela Maffei Quadra. **Empresa Individual de Responsabilidade Limitada (EIRELI)**. Rio de Janeiro: Renovar, 2015.

b) Trata-se de uma pessoa jurídica "unipessoal", ou seja, com somente um titular detentor da totalidade do capital social;

c) O capital social da EIRELI deve estar totalmente integralizado no momento da sua constituição;

d) O capital social da EIRELI não poderá ser inferior ao montante equivalente a 100 salários mínimos;

e) A expressão EIRELI deverá constar após a firma ou denominação social;

f) Seu titular poderá ser tanto uma pessoa física quanto uma pessoa jurídica;

g) Cada pessoa física ou jurídica só pode ser titular de uma EIRELI simultaneamente;

h) A EIRELI pode resultar da transformação de uma sociedade limitada que perdeu um sócio por falecimento, retirada ou exclusão; e

i) Poderá haver a celebração de uma transação entre partes relacionadas entre a EIRELI e o seu titular (pessoa física) envolvendo a cessão de direitos patrimoniais de autor ou de imagem, nome, marca ou voz, desde que vinculados a sua atividade profissional.

iv. Sociedades

Dentre todas as alternativas disponíveis em nosso país, as sociedades são as mais adequadas ao empreendedorismo por uma série de motivos. Em um contrato de sociedade, os sócios se obrigam reciprocamente a contribuir com bens ou serviços para o exercício de uma atividade econômica e, ao final de um certo período de tempo, podem partilhar entre si os resultados dessa atividade (artigo 981 do CC/02). Além disso, tal atividade pode contemplar um ou mais negócios simultaneamente, dando uma grande liberdade ao empreendedor que os demais tipos de pessoa jurídica não proporcionam, como visto anteriormente.

De forma geral, são três as teorias explicativas do contrato de sociedade que merecem destaque. Em brevíssima síntese, a primeira é a do contrato plurilateral, segundo a qual o contrato de sociedade pode ter tantas partes quanto as partes desejarem, mantendo a sociedade relações internas (sócios entre si) e externas (sociedade com terceiros)[96]. A segunda delas é a do con-

---

[96] Vide ASCARELLI, Tullio. **Problemas das sociedades anônimas e direito comparado**. São Paulo: Bookseller, 2001 (1945).

INÍCIO E ESTRUTURAÇÃO DAS ATIVIDADES

trato incompleto, segundo a qual o contrato de sociedade é de execução continuada (prazo indeterminado na maioria dos casos) e os sócios precisam constantemente "completar" o contrato sempre que tiverem novas informações e precisarem se adaptar às novas realidades e vicissitudes que a sua relação em sociedade ensejar na prática[97]. E a terceira das teorias é a do contrato organização, segundo a qual o contrato de sociedade cria uma organização com esferas decisórias que transcendem os sócios que a criaram[98]. Tais teorias explicam e justificam a importância desse contrato para o empreendedorismo como um todo, permitindo que essa estrutura seja suficientemente flexível para as eventuais adaptações necessárias.

Apesar de haver no Brasil diversos tipos societários, na prática são somente três os mais comuns: as sociedades cooperativas, as sociedades limitadas e as sociedades anônimas.

1. Cooperativas

Prevista nos artigos 1093 a 1096 do CC/02 e na Lei nº 5.764, de 16/12/1971, a cooperativa é uma sociedade com bastante presença em nosso país[99]. Segundo Wilson Polonio[100], as principais características das cooperativas são:

a) Não são sujeitas a recuperação judicial ou a falência[101];

---

[97] Segundo essa teoria, as partes estão sujeitas a várias contingências impossíveis de serem previstas no momento da celebração do contrato, tais como custos na negociação contratual para previsão de contingências, os quais aumentam com a verificação *ex post* pelas próprias partes ou por terceiros. Cf. HART, Oliver; MOORE, John. *Foundations of Incomplete Contracts*. EUA: The Review of Economic Studies, v. 66, n. 1, Jan. 1999, pp. 115-138.

[98] Vide SALOMÃO FILHO, Calixto. *O novo direito societário*. 2ª ed. São Paulo: Malheiros, 2002, p. 50. Para ele, é a teoria organizativa de Ferro Luzzi que "...possibilita a proteção de interesses e a solução interna de conflitos, que podem ser atingidos por regras organizativas internas...".

[99] De acordo com o portal Empresômetro, há no Brasil aproximadamente 40 mil sociedades cooperativas atualmente. Vide https://www.empresometro.com.br/Home/Estatisticas, acesso em 03/11/2017.

[100] POLONIO, Wilson Alves. **Manual das Sociedades Cooperativas**. 4ª ed. São Paulo: Atlas, 2004. Vide também GONÇALVES NETO, Alfredo de Assis (coord.). **Sociedades cooperativas**. São Paulo: Lex, 2018.

[101] Vale, no entanto, destacar a obra da Professora Emanuelle Maffioletti, para quem a Lei de Recuperação de Empresas e Falência (Lei nº 11.101/2005) "...compatibiliza-se com os propósitos dos agentes envolvidos no concurso da sociedade cooperativa, preservando a função social. Tem-se, desse modo, que o regime jurídico da cooperativa é próprio e não é incompatível com a recuperação e falência da cooperativa, pondo em evidência a necessidade de as políticas legislativas reconhecerem a essência da instituição e a sua organização empresarial, traçando

b) Presta serviço aos seus associados e empregados;

c) Adesão voluntária com número ilimitado de associados, salvo impossibilidade técnica de prestação de serviços, desde que preenchidas as condições estabelecidas no estatuto social;

d) Neutralidade política e indiscriminação religiosa, racial e social;

e) Área de admissão de associados limitada às possibilidades de reunião, controle, operações e prestação de serviços;

f) Variabilidade ou dispensa do capital social;

g) Número mínimo de associados;

h) Limitação do valor da soma do capital social que cada sócio poderá tomar;

i) Intransferibilidade das quotas do capital a terceiros estranhos à sociedade, ainda que por herança;

j) Deliberação por cabeça;

k) Administração exclusiva para associados;

l) Direito a voto para todos; e

m) Distribuição dos resultados proporcionalmente ao valor das operações efetuadas pelo sócio com a sociedade.

2. Limitadas

As sociedades limitadas representam o tipo societário predileto do empreendedor brasileiro[102]. Vários são os motivos para essa "preferência nacional", permitindo que pequenos, médios e grandes negócios possam se valer desse tipo societário, em especial:

a) Possibilidade de enquadramento no regime de tributação do Simples e do tratamento jurídico diferenciado da Lei nº 123, de 14/12/2006 (artigo 3º, §4º, X); e

b) Menor custo, menos burocracia e maior liberdade dos sócios para ato constitutivo e processos de tomada de decisão ao longo da vida da sociedade em comparação com a sociedade anônima, por exemplo.

normas adequadas ao seu fomento..." MAFFIOLETTI, Emanuelle Urbano. **As sociedades cooperativas e o regime jurídico concursal – a recuperação de empresas e falências, insolvência civil e a liquidação extrajudicial e a empresa cooperativa**. São Paulo: Almedina, 2015, p. 285.

[102] De acordo com o portal Empresômetro, as sociedades limitadas representam 27,84% de todas as atividades empresariais atualmente em nosso país. Vide https://www.empresometro.com.br/Home/Estatisticas, acesso em 03/11/2017.

No entanto, existem algumas desvantagens/limitadores nas sociedades limitadas dignos de destaque:

a. A responsabilidade de cada sócio é restrita ao valor de suas quotas, mas todos respondem solidariamente pela integralização do capital social;

b. Apesar de poder haver regência supletiva do contrato social pelas normas da LSA, não há ainda total segurança jurídica[103] no sentido da aplicação, por exemplo, de institutos originários das sociedades anônimas para as sociedades limitadas;

c. Na omissão do contrato social, o sócio pode ceder sua quota, total ou parcialmente, a quem seja sócio, independentemente de audiência dos outros, ou a estranho, se não houver oposição de titulares de mais de um quarto do capital social;

d. Há diversos quóruns dependendo da deliberação, precisando haver ¾ (75%) – vide artigo 1076 do CC/02 – para se poder alterar o contrato social, quórum extremamente alto e não recomendável para sociedades com muitos sócios;

e. Acordo de cotistas com baixa eficácia, não tendo a mesma força do acordo de acionistas, conforme disposição expressa do artigo 118 da LSA; e

f. Não possibilidade de fazer ofertas públicas, salvo as poucas e reguladas exceções que serão tratadas mais adiante[104].

---

[103] Essa insegurança jurídica tende a diminuir em razão da "criatividade" do mundo empresarial (e, claro, dos seus advogados) e da evolução da regulação e do entendimento do Departamento de Registro Empresarial e Integração (DREI). Vide alterações promovidas pela Instrução Normativa DREI nº 38, de 02.03.2017, Anexo II, item 1.4, que permite que o contrato social de sociedades limitadas pode prever a regência supletiva da sociedade limitada pelas normas da sociedade anônima. Para fins de registro, a regência supletiva: I – poderá ser prevista de forma expressa; ou II – presumir-se-á pela adoção de qualquer instituto próprio das sociedades anônimas, desde que compatível com a natureza da sociedade limitada, tais como: a) Quotas em tesouraria; b) Quotas preferenciais; c) Conselho de Administração; e d) Conselho Fiscal.

[104] Há vários bons livros sobre sociedades limitadas em nosso país, dentre os quais destacamos: CAVALLI, Cássio. **Sociedades Limitadas – Regime de Circulação das Quotas**. São Paulo: RT, 2011; COELHO, Fabio Ulhoa. **A sociedade limitada no Novo Código** Civil. São Paulo: Saraiva, 2003; CORRÊA-LIMA, Osmar Brina. **Sociedade Limitada**. Rio de Janeiro: Forense, 2006; GAINO, Itamar. **Responsabilidade dos Sócios na Sociedade Limitada**. 3ª ed. São Paulo: Saraiva, 2012; LUCENA, José Waldecy. **Das sociedades limitadas.** 5a ed. Rio de Janeiro: Renovar, 2013; e MICHELLI DE ALMEIDA, Marcus Elídius (coord.) **Aspectos jurídicos da sociedade limitada**. São Paulo: Quartier Latin, 2004.

3. Anônimas

Já as sociedades anônimas, reguladas pela Lei nº 6.404, de 15/12/1976, constituem um tipo societário destinado aos grandes empreendimentos, voltados a investimentos de grande porte e das mais variadas origens. Também chamadas de "companhias", elas podem ser fechadas (quando não podem ter valores mobiliários negociados de forma pública, não tendo registro de companhia aberta) ou abertas (quando possuem esse registro específico junto à Comissão de Valores Mobiliários – CVM), podendo fazer ofertas públicas e acessar o mercado[105].

Com 300 artigos, a LSA é considerada a principal lei societária em nosso país e contém as principais regras que regulam as sociedades por ações. Dentre as vantagens das sociedades por ações estão:

a) A possibilidade de haver ações com diferentes direitos (ex. ordinárias com direito a voto e preferenciais sem direito a voto);

b) A possibilidade de realização de ofertas públicas, com o acesso ao mercado de capitais pela emissão de valores mobiliários;

c) A possibilidade de emissão de diversos valores mobiliários, tais como debêntures, partes beneficiárias, bônus de subscrição; e

d) A possibilidade de realizar acordo de acionistas com alta eficácia, à luz do disposto no artigo 118 da LSA.

---

[105] Há diversas obras que tratam das sociedades anônimas, dentre as quais destacamos: CAMPINHO, Sérgio. **Curso de Sociedade Anônima**. Rio de Janeiro: Renovar, 2015. CARVALHOSA, Modesto. Comentários à Lei das Sociedades Anônimas. 4. ed. São Paulo: Saraiva, v.1-4, 2009; COMPARATO, Fábio K.; SALOMÃO FILHO, Calixto. **O poder de controle na sociedade anônima**. 4.ed. Rio de Janeiro: Forense, 2005; CORRÊA-LIMA, Osmar Brina. **Sociedade anônima**. 2.ed. Belo Horizonte: Del Rey, 2003; EIZIRIK, Nelson. *A Lei das S/A Comentada*. Vols. I a III. São Paulo: Quartier Latin, 2011; GUERREIRO, José Alexandre Tavares. *Sociedade anônima: dos sistemas e modelos ao pragmatismo*. In: CASTRO, Rodrigo R. Monteiro de; e AZEVEDO, Luís André N. de Moura (org.). *Poder de controle e outros temas de Direito Societário e mercado de capitais*. São Paulo: Quartier Latin, 2010, pp. 19-28; KRAAKMAN, Reinier et al. **The Anatomy of Corporate Law: A Comparative and Functional Approach**. 3ª ed. EUA: Oxford University Press, 2017; LAMY FILHO, Alfredo; PEDREIRA, José Luiz Bulhões (coord.). **Direito das Companhias**. Rio de Janeiro: Forense, 2009; LAZZARESCHI NETO, Alfredo Sérgio. **Lei das Sociedades por Ações Anotada**. São Paulo: Saraiva, 2006; WALD, Arnold et al (coord.). **Sociedades anônimas e mercado de capitais: homenagem ao Prof. OSMAR BRINA Corrêa-Lima**. São Paulo: Quartier Latin, 2011

No entanto, as companhias (nas abertas mais ainda) existem diversas regras para convocação, instalação, formalização e publicação das decisões dos sócios que são custosas, tomam tempo e podem tornar as decisões públicas para concorrentes, o que deve ser muito sopesado pelo empreendedor na escolha do tipo societário. No entanto, esses mesmos mecanismos de governança podem ser muito bem vistos por credores que entendem que eles podem proporcionar um ambiente de mais confiança e previsibilidade, reduzindo o custo de capital da companhia como um todo.

3. Governança tributária desde cedo e sempre

A estruturação ideal de um empreendimento nos dias atuais demanda uma boa governança tributária desde o seu início. A escolha pelo regime tributário, o aproveitamento de alguma imunidade, isenção e/ou incentivo tributário, a estruturação interna de áreas para atender as diversas e muitas vezes confusas obrigações acessórias impostas pelo Estado e a realização de um prévio planejamento tributário são providências fundamentais para qualquer empresário que busca ter um diferencial competitivo em um país cujo sistema tributário é tão complexo e com uma carga tributária tão pesada como o nosso. O empreendedor brasileiro, pelas razões resumidas neste item, deve compreender como funciona o sistema tributário brasileiro e as suas principais características para que possa, ainda que de forma preliminar, se preparar para os grandes desafios que o universo tributário vai lhe apresentar em terras brasileiras[106].

a. A tributação no Brasil

Conforme visto na Parte 1 do Livro, o Brasil é reconhecido mundialmente por ter um dos piores sistemas tributários do planeta, dificultando sobremaneira o ambiente de negócios como um todo. O Banco Mundial, por exemplo, dedica-se a comparar o número de obrigações acessórias e o tempo dedicado para o seu cumprimento por ano como indicador, além da carga tributária total e o índice de processos pós-declaração. A posi-

---

[106] Para um bom manual de gestão tributária recomendamos SHINGAKI, Mário. **Gestão de impostos para pessoas físicas e jurídicas**. 8ª ed. São Paulo: St. Paul, 2012.

ção brasileira é cada vez pior nesses indicadores, infelizmente, mesmo em comparação com países da América Latina e Caribe[107].

A arrecadação de tributos no Brasil cresce ano após ano e assusta[108]. Diversos estudos[109] são realizados para verificar o problema e sugerir soluções, mas a resistência é imensa. Tem até tributarista renomado que chegou a apelidar o sistema tributário brasileiro de "carnaval tributário"[110], acreditem! No entanto, precisamos ter em mente que o Estado brasileiro precisa se financiar e temos um orçamento extremamente poluído com gastos e despesas vinculadas e obrigatórias, previstos na própria CF/88, além de uma máquina estatal pesada que nós próprios desejamos quando criamos um Estado Democrático de Direito em 1988. Temos, claro, um grave problema de gestão dos recursos arrecadados, mas temos ainda uma obrigação de planejar melhor o orçamento, arrecadar esse montante e é obrigação de todos nós, pessoas físicas e jurídicas, participarmos desse processo arrecadatório. E imaginem se incorporássemos toda a economia informal e aqueles que sonegam, como poderíamos incrementar a arrecadação. O Estado brasileiro também está se equipando, cada vez mais e com melhores instrumentos tecnológicos, para aprimorar a máquina arrecadatória por meio de cruzamentos de dados e meios de cobrança mais eficazes. Trata-se de uma verdadeira corrida de "gato e rato" e é fundamental que saibamos como nos portar, dentro da lei e com estratégia, nesse ambiente.

---

[107] http://portugues.doingbusiness.org/data/exploreeconomies/brazil#paying-taxes#são-paulo, acesso em 4/11/2017.

[108] Vide o chamado "Impostômetro", presente em quase todas as capitais brasileiras, idealizado pela Associação Comercial de São Paulo: https://impostometro.com.br/, acesso em 4/11/2017. Ele considera os valores arrecadados pelas três esferas do governo a título de tributos, incluindo multas, juros e correção monetária, utilizando dados provenientes de diversos órgãos estatais.

[109] Vide, por exemplo, o Instituto Brasileiro de Planejamento e Tributação (https://ibpt.com.br/, acesso em 4/11/2017) com diversos estudos e notícias a respeito do tema.

[110] "Nos últimos anos, a quantidade e variedade de tributos mascarados de "empréstimos" é tão grande que formam um bloco carnavalesco: "Unidos da Vila Federal". O Presidente da República e o seu Ministro da Fazenda são os "abre-alas". O ritmo é dado pelo Fêmur dos contribuintes, que também forneceram a pele para as cuícas. O Presidente e seus Ministros lançam ao público os confetes de nossos bolsos vazios e as serpentinas de nossas tripas. No Sambódromo conquistara, por unanimidade, o prêmio: "Fraude contra o Contribuinte"". BECKER, Alfredo Augusto. **Carnaval Tributário**. 2ª ed. São Paulo: Lejus, 2004, p. 14.

INÍCIO E ESTRUTURAÇÃO DAS ATIVIDADES

b. Sistema tributário nacional em síntese

O sistema tributário nacional está praticamente todo delineado na CF/88[111] e no Código Tributário Nacional – "CTN" (Lei nº 5.172, de 25.10.1966)[112], além de diversas normas e regulamentações esparsas. União, Estados, Distrito Federal e Municípios possuem competências específicas para tributar e todo o sistema tributário cria esferas de competência e limitações ao poder do Estado brasileiro nos tributar. Em brevíssima síntese, existem 5 (cinco) espécies tributárias em nosso país:

1. **Impostos** → fato gerador é uma situação independente de qualquer atividade estatal específica, relativa ao contribuinte (artigo 16 do CTN)
2. **Taxas** → em razão do poder de polícia ou pela utilização, efetiva ou potencial, de serviços públicos específicos e divisíveis, prestados ao contribuinte ou postos à sua disposição (artigo 145 da CF/88)
3. **Contribuições de Melhoria** → em face ao custo de obras públicas de que decorra valorização imobiliária, tendo como limite total a despesa realizada e como limite individual o acréscimo de valor que da obra resultar para cada imóvel beneficiado (artigo 81 do CTN c/c artigo 145, III da CF/88)
4. **Empréstimos Compulsórios** → para atender a despesas extraordinárias, decorrentes de calamidade pública, de guerra externa ou sua iminência; ou no caso de investimento público de caráter urgente e de relevante interesse nacional (artigo 148 da CF/88)
5. **Contribuições Sociais** → de intervenção no domínio econômico e de interesse das categorias profissionais econômicas, como instrumento de sua atuação nas respectivas áreas (artigo 149 da CF/88)

Para quem empreende no Brasil é fundamental conhecer os chamados princípios constitucionais que norteiam o sistema tributário nacional, sendo os principais deles os seguintes:

1. **Poder, competência e capacidade** → cada ente estatal possui uma esfera de poder e de competência para tributar, sempre delineada na CF/88 e no CTN

[111] Artigos 145 a 161 da CF/88.
[112] Há, por óbvio, milhares de outras leis e normativos esparsos que compõem o imenso emaranhado de normas tributárias brasileiras.

2. **Legalidade** → não se pode exigir ou aumentar tributos sem que haja uma lei que o estabeleça (artigo 150, I da CF/88 c/c artigo 97 do CTN)

3. **Igualdade** → contribuintes em situação equivalente devem ser tributados de forma igual (artigo 150, II da CF/88 c/c artigo 5º, "caput" da CF/88)[113]

4. **Capacidade econômica/contributiva** → graduação conforme capacidade econômica do contribuinte, também chamado de "progressividade" (artigos 145, §1º e 194 e 195 da CF/88)

5. **Irretroatividade** → cobrança em relação a fatos geradores ocorridos antes do início da vigência da lei que houver instituído ou aumentado o tributo (artigo 150, III da CF/88)

6. **Anterioridade** → efeitos de um tributo somente a partir de uma determinada data, havendo duas subespécies: (a) ANUAL, que é a regra geral (a partir do próximo exercício financeiro – artigo 150, III, b da CF/88); e (b) NONAGESIMAL (noventa dias – artigo 150, III, c da CF/88)

7. **Não cumulatividade** → válido para o IPI (artigo 153, §3º, II da CF/88), o ICMS (artigo 155, §2º, I da CF/88) e a COFINS (artigo 195, §12 da CF/88), cada qual com um regime diferenciado

8. **Não confisco** → utilização do tributo com efeito de confisco (artigo 150, IV da CF/88)

Ainda sobre o sistema tributário brasileiro, vale destacar que há situações em que o Estado simplesmente não pode tributar, tais como nas hipóteses de não incidência, de imunidade e de isenção. A não incidência refere-se àquela situação que sequer é enquadrada como um fato gerador de um tributo, portanto incapaz de gerar tributação. A imunidade, por sua vez, é uma vedação constitucional ao poder de tributar (artigo 150, VI da CF/88). Já a isenção é um favor fiscal instituído por uma lei, dispensando o pagamento de um tributo que é devido. É fundamental para um empreendedor buscar essas alternativas junto ao Poder Público, mui-

---

[113] O princípio da igualdade é um dos mais importantes no ordenamento jurídico brasileiro, sendo reproduzido em praticamente todos os ramos do Direito em normas específicas. Sobre o tema cf. BANDEIRA DE MELLO, Celso Antonio. **O conteúdo jurídico do princípio a igualdade**. 3ª ed. 20ª tir. São Paulo: Malheiros, 2011.

tas vezes disponível em razão da natureza da atividade ou até mesmo por alguma política pública ou incentivo específico disponível para os atores privados.

c. A tributação dos pequenos e médios negócios

Os artigos 170, I c/c 179 da CF/88 preveem que deve ser dado tratamento favorecido para as empresas de pequeno porte brasileiras, visando incentivá-las pela simplificação das suas obrigações administrativas, tributárias, previdenciárias e creditícias. Em decorrência desses comandos constitucionais, uma série de normas foram editadas para fomentar os pequenos e médios negócios em nosso país, com especial destaque para a já citada Lei Complementar nº 123, de 14/12/2006, várias vezes alterada[114].

Sob o ponto de vista tributário, é importante destacar a definição de microempresa e de empresa de pequeno porte prevista no artigo 3º da referida lei, qual seja a sociedade empresária, a sociedade simples, a EIRELI e o empresário individual devidamente registrado, desde que, no caso da microempresa, aufira, em cada ano-calendário, receita bruta igual ou inferior a R$ 360 mil e, no caso de empresa de pequeno porte, entre R$ 360 mil e R$ 4,8 milhões. Vale lembrar que não poderão usufruir dos benefícios tributários dessa lei a pessoa jurídica de cujo capital participe outra pessoa jurídica; que seja filial, sucursal, agência ou representação, no País, de pessoa jurídica com sede no exterior; de cujo capital participe pessoa física que seja inscrita como empresário ou seja sócia de outra empresa que receba tratamento jurídico diferenciado nos termos dessa mesma lei, desde que sua receita global ultrapasse os referidos limites; cujo titular ou sócio participe com mais de 10% (dez por cento) do capital de outra empresa não beneficiada por essa mesma lei, desde que sua receita global ultrapasse os referidos limites; cujo sócio ou titular seja administrador ou equiparado de outra pessoa jurídica com fins lucrativos, desde que a receita bruta global ultrapasse os referidos limites; constituída sob a forma de cooperativas, salvo as de consumo; que participe do capital de outra pessoa jurídica; que exerça atividade de banco comercial, de investimentos e de desenvolvimento, de caixa econômica, de sociedade de crédito, financiamento e investimento ou de crédito imobiliário, de corretora ou

---

[114] Sobre o tema, vide CHAOIB JR., Amir. **Planejamento tributário para *startups* no Brasil** in REZENDE, Luiza (org.). Direito para Empreendedores. São Paulo: Évora, 2015, p. 43-60.

de distribuidora de títulos, valores mobiliários e câmbio, de empresa de arrendamento mercantil, de seguros privados e de capitalização ou de previdência complementar; resultante ou remanescente de cisão ou qualquer outra forma de desmembramento de pessoa jurídica que tenha ocorrido em um dos 5 (cinco) anos-calendário anteriores; constituída sob a forma de sociedade por ações; ou cujos titulares ou sócios guardem, cumulativamente, com o contratante do serviço, relação de pessoalidade, subordinação e habitualidade.

O artigo 9º dessa mesma lei garante às empresas a ela sujeitas que o registro dos seus atos constitutivos, de suas alterações e extinções (baixas) ocorrerá independentemente da regularidade de obrigações tributárias, previdenciárias ou trabalhistas, principais ou acessórias, do empresário, da sociedade, dos sócios, dos administradores ou de empresas de que participem, sem prejuízo das responsabilidades do empresário, dos titulares, dos sócios ou dos administradores por tais obrigações, apuradas antes ou após o ato de extinção. Desta forma, será dispensada a prova de quitação, regularidade ou inexistência de débito referente a tributo ou contribuição de qualquer natureza nos referidos atos registrais.

Quanto à arrecadação de tributos, a referida lei criou o Regime Especial Unificado de Arrecadação de Tributos e Contribuições devidos pelas Microempresas e Empresas de Pequeno Porte, comumente chamado de "Simples Nacional", disciplinado nos artigos 12 e seguintes[115]. Não excluindo a incidência de demais impostos ou contribuições aplicáveis, com algumas poucas exceções, o Simples implica no recolhimento mensal, mediante documento único de arrecadação, dos diversos impostos e contribuições, quais sejam: Imposto sobre a Renda da Pessoa Jurídica – IRPJ; Imposto sobre Produtos Industrializados – IPI; Contribuição Social sobre o Lucro Líquido – CSLL; Contribuição para o Financiamento da Seguridade Social – COFINS; Contribuição para o PIS/Pasep; Contribuição Patronal Previdenciária – CPP para a Seguridade Social, a cargo da pessoa jurídica; Imposto sobre Operações Relativas à Circulação de Mercadorias e Sobre Prestações de Serviços de Transporte Interestadual e Intermunicipal e de Comunicação – ICMS; e Imposto sobre Serviços de Qualquer Natureza – ISS. É importante destacar que, em regra, as empresas optantes pelo Simples ficam dispensadas do pagamento das demais contribui-

---

[115] Sobre o Simples Nacional, vide SANTOS, Cleônimo dos. **Simples Nacional**. 4ª ed. São Paulo: IOB-Sage, 2016.

INÍCIO E ESTRUTURAÇÃO DAS ATIVIDADES

ções instituídas pela União, inclusive as contribuições para as entidades privadas de serviço social e de formação profissional vinculadas ao sistema sindical, de que trata o artigo 240 da CF/88 e demais entidades de serviço social autônomo.

De acordo com o artigo 16 da aludida lei, a opção pelo Simples Nacional é irretratável para todo o ano-calendário, sendo vedado o ingresso ao sistema empresa que explore atividade de prestação cumulativa e contínua de serviços de assessoria creditícia, gestão de crédito, seleção e riscos, administração de contas a pagar e a receber, gerenciamento de ativos (*asset management*), compras de direitos creditórios resultantes de vendas mercantis a prazo ou de prestação de serviços (*factoring*); que tenha sócio domiciliado no exterior; de cujo capital participe entidade da administração pública, direta ou indireta, federal, estadual ou municipal; que possua débito com o Instituto Nacional do Seguro Social – INSS, ou com as Fazendas Públicas Federal, Estadual ou Municipal, cuja exigibilidade não esteja suspensa; que preste serviço de transporte intermunicipal e interestadual de passageiros, exceto quando na modalidade fluvial ou quando possuir características de transporte urbano ou metropolitano ou realizar-se sob fretamento contínuo em área metropolitana para o transporte de estudantes ou trabalhadores; que seja geradora, transmissora, distribuidora ou comercializadora de energia elétrica; que exerça atividade de importação ou fabricação de automóveis e motocicletas; que exerça atividade de importação de combustíveis; que exerça atividade de produção ou venda no atacado de cigarros, cigarrilhas, charutos, filtros para cigarros, armas de fogo, munições e pólvoras, explosivos e detonantes e determinadas bebidas não alcóolicas (ex. refrigerantes); que realize cessão ou locação de mão-de-obra; que se dedique ao loteamento e à incorporação de imóveis; que realize atividade de locação de imóveis próprios, exceto quando se referir a prestação de serviços tributados pelo ISS; e com ausência de inscrição ou com irregularidade em cadastro fiscal federal, municipal ou estadual, quando exigível.

De acordo com o artigo 18 da referida lei, o valor devido mensalmente pela empresa optante pelo Simples Nacional será calculado de acordo com as alíquotas previstas nos Anexos constantes dessa lei e conforme os critérios aplicáveis às específicas bases de cálculo (e respectivos ajustes). Já o MEI poderá optar pelo recolhimento dos impostos e contribuições abrangidos pelo Simples Nacional em valores fixos mensais, independentemente da receita bruta por ele auferida no mês, na forma prevista no artigo 18-A da mesma lei.

As empresas optantes pelo Simples Nacional não poderão se apropriar tampouco transferir créditos tributários abrangidos por esse regime tributário diferenciado. Além disso, elas não poderão utilizar ou destinar qualquer valor a título de incentivo fiscal. Quanto às obrigações fiscais acessórias, as empresas optantes deverão apresentar anualmente à Secretaria da Receita Federal do Brasil declaração única e simplificada de informações socioeconômicas e fiscais, que constitui confissão de dívida e instrumento hábil e suficiente para a exigência dos tributos e contribuições que não tenham sido recolhidos resultantes das informações nela prestadas.

Além disso, de acordo com o artigo 26 dessa lei, as empresas optantes pelo Simples Nacional ficam obrigadas a: emitir documento fiscal de venda ou prestação de serviço, de acordo com instruções expedidas pelo Comitê Gestor; e manter em boa ordem e guarda os documentos que fundamentaram a apuração dos impostos e contribuições devidos e o cumprimento das referidas obrigações acessórias enquanto não decorrido o prazo decadencial e não prescritas eventuais ações que lhes sejam pertinentes. Tais empresas poderão, opcionalmente, adotar contabilidade simplificada para os registros e controles das operações realizadas, conforme regulamentação do Comitê Gestor do Simples Nacional.

Por fim, os artigos 28 e seguintes dessa lei enumeram as diversas hipóteses de exclusão do Simples Nacional.

d. Os limites do planejamento tributário e a importância da governança tributária

É direito do contribuinte resistir à tributação, planejando a sua atividade econômica da forma menos onerosa possível, mas sempre dentro da legalidade[116]. No entanto, conforme bem alerta Marco Aurélio Greco em sua seminal (e polêmica) obra[117], o tema do planejamento tributário deve ser

---

[116] Para Fernando Zilveti, "...o planejamento fiscal é lícito, e consiste numa técnica administrativa que permite ao empresário atingir uma melhor rentabilidade para seus negócios, economizando tributos..." ZILVETI, Fernando Aurelio. **A evolução histórica da teoria da tributação**. São Paulo: Saraiva, 2017, p. 384-385.

[117] O autor enumera três fases do planejamento tributário: (a) a primeira, na qual o contribuinte tinha total liberdade para realizar negócios jurídicos, salvo aqueles viciados por simulação (fase individualista e liberal); (b) a segunda, na qual outros vícios poderiam contaminar

INÍCIO E ESTRUTURAÇÃO DAS ATIVIDADES

tratado com bastante ressalva, pois há uma série de limitações sendo impostas, em especial por preceitos constitucionais e pelo artigo 116 do CTN, senão vejamos.

A polêmica toda está na redação dada ao parágrafo único do artigo 116 do CTN, conferida pela Lei Complementar nº 104, de 10.01.2001, nos seguintes termos: "A autoridade administrativa poderá desconsiderar atos ou negócios jurídicos praticados com a finalidade de dissimular a ocorrência do fato gerador do tributo ou a natureza dos elementos constitutivos da obrigação tributária, observados os procedimentos a serem estabelecidos em lei ordinária".

Desde então, mesmo sem a edição da referida "lei ordinária" que deveria regulamentar esse dispositivo legal, autoridades fiscais administrativas e judiciais vem aplicando essa nova regra antielisiva sem critérios e causando enorme insegurança jurídica ao empresariado[118]. Não há, até o momento, critérios específicos para se garantir quando um planejamento é ou não abusivo, deixando os empresários, na prática, à mercê dessa instabilidade jurisprudencial. O que se recomenda, entre os especialista, é que um bom planejamento tributário preencha ao menos os seguintes requisitos para que não seja desconsiderado futuramente: (a) que esteja dentro da legalidade (elisão); (b) que tenha um propósito negocial ou razão extra fiscal (ou seja, que a economia, ganho ou diferimento tributário seja somente uma consequência do planejamento e não a sua única motivação); (c) que as obrigações acessórias estejam devidamente cumpridas, com o devido alinhamento entre as áreas que assessoram à organização (ex. contabilidade e jurídico); (d) que a organização, seus sócios e dirigentes tenham comportamentos e relacionamentos coerentes com o Fisco, mantendo coerência em suas obrigações acessórias correlacionadas; (e) cuidados com informa-

---

o planejamento tributário, tais como abuso de direito e fraude à lei; e (c) a terceira, mais atual, na qual são aplicáveis princípios constitucionais da solidariedade social e da capacidade contributiva, buscando uma maior eficácia dos preceitos constitucionais. GRECO, Marco Aurélio. **Planejamento tributário**. 3ª ed. São Paulo: Dialética, 2011.

[118] Isabela Jesus chama esse critério de "teoria da interpretação econômica", resumindo-o da seguinte forma: "a subsunção do fato imponível à norma que prescreve o tributo far-se-ia abstraindo-se das características jurídicas dos atos ou negócios dos contribuintes, tomando-as, em vez, pelo seu aspecto puramente econômico...". Para ela, tal teoria não encontra receptividade no nosso ordenamento jurídico, sendo absolutamente incompatível com o sistema tributário nacional. BONFÁ DE JESUS, Isabela. **Manual de Direito Tributário**. 2ª ed. São Paulo: RT, 2014, p. 438-439.

ções providas pelos sistemas eletrônicos e informações disponíveis pela Internet (são hoje acessadas pelas autoridades fiscais); e (f) cuidados com planejamentos que envolvam outras jurisdições, em especial em razão de tratados internacionais (ou não) que mudem a sistemática de apuração e de recolhimento de tributos.

Por fim, para que um bom planejamento tributário seja bem-sucedido, a organização deve manter uma boa gestão e governança tributária antes, durante e depois da sua execução, mantendo uma coerência em sua história. Fisco e todos os "stakeholders" de uma organização demandam essa confiança, que refletem nessa gestão e perpassa na forma pela qual o tema tributário é tratado[119].

---

[119] Para uma boa discussão sobre o tema, vide MACHADO, Hugo de Brito (coord.). **Planejamento tributário**. São Paulo: Malheiros, 2016.

Parte 3
Os principais *stakeholders* da atividade empresarial

> "O empreendedorismo...é essencial para a criação de empregos, o crescimento econômico e a prosperidade... um dos objetivos dos legisladores é o de preservar liberdades [de pesquisar, de colaborar, de descobrir, de inventar, de ter em propriedade, de financiar e de empreender]. Ao mesmo tempo, a história da Humanidade e pelo que conhecemos da natureza humana, a liberdade absoluta pode levar a danos a terceiros. Dessa forma, outro objetivo dos legisladores é impor limites a tais liberdades, identificar ações lesivas e punir quem as cometer no interesse de proteger os demais membros da sociedade. Essa constante tensão entre liberdade e consciência é inerente no cumprimento e na criação de todas as leis e todas as instituições jurídicas, incluindo aquelas que disciplinam o empreendedorismo"[120].

Neste terceiro capítulo vamos estudar as principais regras jurídicas que incidem sobre o relacionamento envolvendo as organizações e seus principais *stakeholders*[121] em nosso país. Cada um deles possui um regime jurídico próprio, contando com uma série de princípios específicos, cujo entendimento é fundamental para quem quer empreender e saber lidar, com eficácia, com esses diferentes públicos dotados de direitos distintos em

---

[120] LITAN, Robert E.; and LUPPINO, Anthony J. **Law and Entrepreneurship**. EUA: Edward Elgar, 2013, p. ix (tradução livre nossa).

[121] Stakeholders são" ...os públicos de interesse, grupos ou indivíduos que afetam e são significativamente afetados pelas atividades da organização: clientes, colaboradores, acionistas, fornecedores, distribuidores, imprensa, governo, comunidade, entre outros..." ROCHA, Thelma; GOLDSCHMIDT, Andrea (coord.) **Gestão dos Stakeholders**. São Paulo: Saraiva, 2012, p. 6.

nosso ordenamento jurídico. Um dos principais erros do empreendedor é justamente generalizar o tratamento, não fazendo essa distinção devidamente com a específica assessoria jurídica, perdendo boas oportunidades para realizar uma boa gestão desses relacionamentos e não aferir ganhos financeiros e até reputacionais imprescindíveis nos dias atuais. Nesta terceira parte do livro iremos tratar das principais regras brasileiras sobre o financiamento da atividade empresarial, a contratação de mão de obra, e os diferentes relacionamentos com consumidores, parceiros comerciais, com o Poder Público e com o meio ambiente.

1. O financiamento da atividade

A atividade econômica precisa de recursos financeiros para poder funcionar, que podem ter diversas origens, cada qual com uma proteção jurídica distinta. O Direito confere proteção a cada uma dessas fontes de financiamento, seja porque há um interesse interno a ser preservado (ex. sócios minoritários), seja porque há um interesse externo alheio ao processo decisório que pode ser afetado pelas decisões empresariais (ex. credores financeiros). Em ambos os casos, que conferiram e confiaram recursos ao empreendimento, há regras jurídicas protetivas a esse capital financeiro que serão discutidas neste item.

a. Capital Próprio

A forma mais natural de contribuição financeira à atividade econômica é por parte do próprio empreendedor individualmente ou por contribuição de um sócio ao capital de uma sociedade. A própria ideia de ser sócio, prevista no artigo 966 do CC/02, traz a noção de contribuição de recursos para, ao final de um determinado período, partilhar os resultados da atividade econômica. Trata-se do capital próprio que deve ser protegido.

As contribuições dos sócios podem se dar em dinheiro, bens e créditos suscetíveis de avaliação econômica e podem ser aportados em momentos distintos. O sócio pode subscrever capital em um momento (prometer) e integralizar em um segundo momento (pagar de fato). Torna-se, nesse interregno, devedor da sociedade sobre a quantia prometida para a composição do capital social. Tal sócio remisso pode ser tanto cobrado pela sociedade quanto posteriormente excluído da mesma, com a devida redução do capital social[122].

[122] Artigo 107 da LSA.

As contribuições dos sócios estão em regra protegidas pelo princípio da intangibilidade do capital social. Exemplos não faltam como nos casos previstos nos artigos 166 e seguintes da LSA (e 1081 a 1084 do CC/02 para as sociedades limitadas) para as modificações do capital social nas sociedades anônimas, que demandam uma série de formalidades a serem observadas pelos sócios, com o intuito de proteger não só os próprios sócios, mas também os credores sociais. Não é trivial nem aumentar nem reduzir o capital social de uma sociedade, devendo respeitar os trâmites legais e contratuais eventualmente existentes a esse respeito.

No caso das sociedades anônimas, elas podem emitir ações, que são títulos de participação no capital social que possuem a característica de livre circulação, conforme artigo 4º da LSA, podendo, no caso das companhias abertas, ser admitidas à negociação no mercado de valores mobiliários com o devido registro prévio na CVM. Criada pela Lei nº 6.385, de 07.12.1976, a CVM, por sua vez, regulamenta por uma série de normativos o mercado de valores mobiliários brasileiro, mais conhecido como "mercado de capitais"[123], especificando as normas sobre companhias abertas aplicáveis a cada categoria.

b. Contratos Financeiros

Os contratos financeiros ou bancários são aqueles em que figuram, como uma das partes, uma instituição financeira. Em outras palavras, trata-se de um contrato por meio do qual uma pessoa física ou jurídica financia-se para a realização de uma atividade econômica sempre com o objetivo de pagar o respectivo financiamento com o resultado dessa mesma atividade. Os contratos financeiros são objeto de diversas regras jurídicas, dentre as quais a sujeição às regras do Sistema Financeiro Nacional, ao Código de Defesa do Consumidor (em grande parte das vezes, como veremos em capítulo próprio adiante), além das próprias regras contratuais entabuladas entre as partes[124].

São normalmente características dos contratos financeiros: (a) adesividade (baixa ou nenhuma negociação entre as partes, o que vai depender

---

[123] Sobre o tema, recomendamos EIZIRIK, Nelson et al. **Mercado de Capitais – Regime Jurídico**. 2ª ed. Rio de Janeiro: Renovar: 2008.

[124] Sobre o tema vide SALOMÃO NETO, Eduardo. **Direito Bancário**. 2ª ed. São Paulo: Atlas, 2014; MIRAGEM, Bruno. **Direito Bancário**. São Paulo: RT, 2013; e MAXIMILIAN, Paulo. **Contratos Bancários**. 4ª ed. Rio de Janeiro: Gen/Forense, 2015.

do caso e do poder de barganha); (b) automação (normalmente são contratos formulários, feitos pela Internet, sequer com instrumento impresso no momento da celebração); (c) limitação de juros (possibilidade de discussões judiciais contra abusividades e ilegalidades); (d) sigilo bancário (regra geral que só poderá ser excetuada por ordem judicial); e (e) garantias (normalmente esses contratos vem acompanhados de garantias pessoais e reais para manter o credor mais protegido contra eventual inadimplemento do devedor, além das tradicionais cláusulas de vencimento antecipado e outras que onerem o devedor em caso de atraso, tais como as multas compensatória e remuneratória).

Os principais exemplos de contratos financeiros são: (a) conta corrente; (b) depósito; (c) abertura de crédito; (d) mútuo; (e) antecipação; (f) desconto bancário; (g) cartão de crédito; (h) "leasing"; (i) alienação fiduciária; (j) penhor; (l) derivativos; e (m) câmbio.

c. Fundos de Investimento
Os fundos de investimento no Brasil são regulados pela Instrução CVM nº 555, de 17/12/2014. Por essa instrução, o fundo é uma "comunhão de recursos, constituído sob a forma de condomínio, destinado à aplicação em ativos financeiros". Ele pode ser constituído sob a forma de condomínio aberto (cotistas podem solicitar o resgate de suas cotas conforme estabelecido em seu regulamento) ou fechado (as cotas somente são resgatadas ao término do prazo de duração do fundo). Os fundos dependem de prévio registro na CVM e serão regidos por um regulamento. Poderão ser administrados por pessoas jurídicas autorizadas pela CVM para o exercício profissional de carteiras de valores mobiliários. Por fim, eles podem ser classificados como Fundos Renda Fixa, Fundos de Ações, Fundos Cambiais e Fundos Multimercado[125].

d. Emissão de Dívida
A emissão de dívidas é uma importante forma de financiamento, mas deve ser vista com bastante parcimônia. Além das importantes questões relacio-

---

[125] Sobre o tema vide FREITAS, Ricardo de Santos. **Natureza Jurídica dos Fundos de Investimento.** São Paulo: Quartier Latin, 2006; MARTINS DE CARVALHO, Mário Tavernard. **Regime Jurídico dos Fundos de Investimento**. São Paulo: Quartier Latin, 2012; e FREITAS, Bernardo Vianna; e VERSIANI, Fernanda Valle (coord.) **Fundos de Investimento – aspectos jurídicos, regulamentares e tributários**. São Paulo: Quartier Latin, 2015.

nadas ao nível ideal de endividamento, que não são objeto deste estudo, é fundamental se verificar os seguintes itens sob o ponto de vista jurídico:

a) a emissão da dívida será pontual ou será habitual dentro da atividade da organização? Se for habitual, deve-se ter muito cuidado para que a organização não seja enquadrada no disposto no artigo 17 da Lei nº 4.595, de 31/12/1964[126], portanto sujeita à autorização, regulação e fiscalização do Banco Central do Brasil;

b) a emissão da dívida está de acordo com o tipo de pessoa jurídica adotado pela organização? Algumas terão restrições para a emissão de alguns títulos de dívida, como por exemplo as partes beneficiárias[127], as debêntures[128] e os bônus de subscrição[129], que são títulos privativos das sociedades por ações ou as notas promissórias que podem ser emitidas por sociedades por ações, sociedades limitadas e cooperativas agropecuárias[130];

---

[126] "Art. 17. Consideram-se instituições financeiras, para os efeitos da legislação em vigor, as pessoas jurídicas públicas ou privadas, que tenham como atividade principal ou acessória a coleta, intermediação ou aplicação de recursos financeiros próprios ou de terceiros, em moeda nacional ou estrangeira, e a custódia de valor de propriedade de terceiros. Parágrafo único. Para os efeitos desta lei e da legislação em vigor, equiparam-se às instituições financeiras as pessoas físicas que exerçam qualquer das atividades referidas neste artigo, de forma permanente ou eventual." Vide também Resolução CMN nº 4656, de 26/4/2018, que regula as chamadas "fintechs" no Brasil. Tal preocupação é extremamente importante porque o sistema financeiro possui um risco sistêmico claro, devendo o Direito manter o seu equilíbrio e proteção contra organizações que atuem criando e aumentando as suas instabilidades intrínsecas. Para Rachel Sztajn, "...o sistema financeiro é multifacetado, e as interligações entre os subsistemas são inafastáveis... a extrema concentração de riscos atraídos por esse sistema precisa de instrumentos que prevejam e contenham os riscos. A contenção se faz mediante precaução e atenção; a informação e transparência são elementos indispensáveis..." SZTAJN, Rachel. **Sistema financeiro – entre estabilidade e risco**. Rio de Janeiro: Campus Jurídico, 2010, p. 6 a 8. Ainda sobre o tema, vide SADDI, Jairo. **Temas de Regulação Financeira**. São Paulo: Quartier Latin, 2010.

[127] Artigos 46 a 51 da LSA.

[128] Artigos 52 a 74 da LSA c/c Instrução Normativa CVM nº 404, de 13/02/2004 (para companhias abertas). Sobre debêntures, vide BORBA, José Edwaldo Tavares. **Das Debêntures.** Rio de Janeiro: Renovar, 2005; e GARCIA DO AMARAL, José Romeu. **Regime Jurídico das Debêntures**. 2ª ed. São Paulo: Almedina, 2016. O Professor José Romeu Amaral é franco defensor da expansão do financiamento empresarial para todos os tipos de pessoa jurídica, tal como preconizou no artigo "Emissão de debêntures por cooperativas", publicado no jornal Valor Econômico de 21/12/2017, p. E2.

[129] Artigos 75 a 79 da LSA.

[130] Instrução CVM nº 566, de 31/07/2015.

c) a emissão de dívida está em linha com o objeto social da sociedade? É fundamental esse alinhamento, pois poderá haver questionamento caso o administrador venha a extrapolar aos poderes normais de gestão da sociedade à luz do disposto no artigo 1015 do CC/02[131]; ou

d) a emissão da dívida está permitida pelo estatuto ou contrato social (ou autorizada pelos sócios em assembleia ou reunião), em especial no tocante à emissão de títulos de crédito típicos ou atípicos[132]?

e. *Mútuo* intercompany

É muito comum, ainda mais em nosso país, a realização de mútuos entre empresas pertencentes ao mesmo grupo econômico. Tal contratação, denominada "transação entre partes relacionadas", tem uma regulação extremamente complexa e descoordenada em nosso país, trazendo desafios interpretativos de diversas ordens[133]. Ela não é proibida em regra, mas pode levar à chamada "subcapitalização societária", ou seja, uma situação de desequilíbrio efetivo de capital próprio e endividamento entre sócio e sociedade que transfere aos credores da sociedade o efetivo risco desta, pois não há em regra no Brasil a exigência do capital mínimo para as sociedades limitadas e anônimas[134]. Tal desequilíbrio pode levar a dois riscos jurídicos bem graves: (a) de desconsideração da personalidade jurídica da sociedade com a possibilidade de responsabilização direta dos sócios e/ou do administrador da sociedade subcapitalizada[135]; ou (b) de falência

---

[131] Art. 1.015. No silêncio do contrato, os administradores podem praticar todos os atos pertinentes à gestão da sociedade; não constituindo objeto social, a oneração ou a venda de bens imóveis depende do que a maioria dos sócios decidir.

Parágrafo único. O excesso por parte dos administradores somente pode ser oposto a terceiros se ocorrer pelo menos uma das seguintes hipóteses:

I – se a limitação de poderes estiver inscrita ou averbada no registro próprio da sociedade;

II – provando-se que era conhecida do terceiro;

III – tratando-se de operação evidentemente estranha aos negócios da sociedade.

[132] Conforme disposto nos artigos 887 e seguintes do CC/02 e diversas leis esparsas sobre títulos de crédito específicos.

[133] Para uma análise completa sobre o tema vide SOARES DE CAMARGO, André Antunes. **Transações entre Partes Relacionadas – um desafio regulatório complexo e multidisciplinar**. 3ª ed. São Paulo: Almedina, 2016.

[134] Sobre o tema vide DINIZ, Gustavo Saad. **Subcapitalização Societária – financiamento e responsabilidade**. Belo Horizonte: Fórum, 2012.

[135] "Art. 50. Em caso de abuso da personalidade jurídica, caracterizado pelo desvio de finalidade, ou pela confusão patrimonial, pode o juiz decidir, a requerimento da parte,

da sociedade em questão, com a responsabilização dos sócios e do administrador por eventual crime falimentar[136].

f. Contratos de investimento coletivo

A regulamentação do investimento ou financiamento coletivo é um desafio no mundo todo[137-138]. No Brasil, a regulamentação dessa modalidade de investimento vem se sofisticando gradativamente à medida que esse mercado se desenvolve. A principal regra a que devemos nos reportar é a prevista no artigo 2º, inciso IX da Lei nº 6.385/1976, que considera valor mobiliário todo e qualquer título ou contrato de investimento coletivo que gere direito de participação, de parceria ou de remuneração, inclusive resultante de prestação de serviços, cujos rendimentos advêm do esforço do empreendedor ou de terceiros, desde que oferecidos publicamente.

As chamadas "ofertas públicas" são reguladas pela Instrução CVM nº 400, de 29/12/2003, conforme alterada, cuja finalidade é proteger os interesses do público investidor e o mercado em geral, tratando-os de forma equitativa e mediante a exigência de ampla divulgação de informações sobre a oferta, os valores mobiliários ofertados, a companhia emissora, o ofertante e demais pessoas envolvidas. É fundamental que, em regra, todas as ofertas públicas sejam registradas junto à CVM.

O desenvolvimento desse mercado culminou na aprovação de algumas importantes regras destinadas ao empreendedor de pequeno porte, quais sejam:

---

ou do Ministério Público quando lhe couber intervir no processo, que os efeitos de certas e determinadas relações de obrigações sejam estendidos aos bens particulares dos administradores ou sócios da pessoa jurídica".

[136] Artigo 168 e seguintes da Lei nº 11.101, de 09.02.2005.

[137] Vide artigo de Robert J. Schiller intitulado "Financiamento coletivo ou fraude?", publicado no jornal Valor Econômico de 19/11/2015, p. A17. O autor ressalta o desafio dessa regulamentação que é levar em conta os aspectos "manipuladores e malicioso do comportamento humano", as chamadas "trapaças sutis". Segundo o autor, "...para o sistema financeiro como um todo, no fim das contas o sucesso depende da confiança e da segurança, sentimentos que, assim como a suspeita e o medo, são altamente contagiosos...".

[138] Vide importante obra do autor português BELEZAS, Fernando. **Crowdfunding: regime jurídico do financiamento colaborativo**. Portugal: Almedina, 2017.

a) Instrução Normativa CVM nº 588, de 13/07/2017 → dispõe sobre a oferta pública de distribuição de valores mobiliários de emissão de sociedades empresárias de pequeno porte realizada com dispensa de registro por meio de plataforma eletrônica de investimento participativo ("crowdfunding"); e

b) Lei Complementar nº 155, de 27/10/2016 → inclusão do artigo 61-A na Lei Complementar nº 123, de 14/12/2006, criando a figura do "investidor anjo", incentivando as atividades de inovação e os investimentos produtivos, com a permissão para as sociedades enquadradas como microempresa ou empresa de pequeno porte para admitir aporte de capital que não integre o capital social.

2. A contratação da mão-de-obra
a. Proteção ao trabalho no Brasil

Diversas são as normas jurídicas que regulam o trabalho em nosso país. A principal e mais antiga delas é o Decreto-Lei nº 5.452, de 1º de maio de 1943, que aprova a CLT. A principal norma brasileira a esse respeito, sem sombra de dúvidas, é a própria CF/88, que eleva o direito do trabalho à condição de "direito e garantia fundamental", tratando do tema em diversos dispositivos, em especial nos seus artigos 7º a 11, como um direito social.

É importante destacar que há duas diferentes modalidades de trabalho em nosso país, cada qual merecedora de uma proteção jurídica específica. De um lado, há o trabalho não subordinado (prestação de serviços e empreitada), regulado pelos artigos 593 a 609 e 610 a 626 do Código Civil de 2002 ("CC/02"). Nessas modalidades contratuais, não há uma subordinação nem fática nem jurídica do prestador ou dono da obra, havendo um maior equilíbrio de forças na relação jurídica. Claro que há proteção ao trabalho desses profissionais, mas não há a necessidade de uma tutela intervencionista do Estado em alto grau. As partes nesses contratos são mais independentes e mais simétricas em poder de barganha e em informação.

Já o trabalho subordinado é objeto de regulação tanto na CF/88 (artigos 7º a 11) quanto na CLT e em diversas normas esparsas. A proteção ao trabalho subordinado é, pois, extremamente rica em detalhes, razão pela qual é fundamental o seu estudo para a compreensão dessa regulação e dos seus efeitos práticos. Quando analisamos qualquer situação envolvendo trabalho subordinado em nosso país, é fundamental lembrar uma "regra de ouro" segundo a qual, em caso de dúvidas, deve-se interpretar favoravelmente ao empregado, aplicando a norma jurídica que lhe for mais favorável. Além disso, nenhuma alteração ao contrato de trabalho pode ser realizada em prejuízo ao funcionário. É importante também destacar o papel das convenções e acordos sindicais que, na prática, acabam por equilibrar as forças negociais e que podem, em diversas situações, relativizar alguns direitos trabalhistas, uma tendência observada nas últimas reformas trabalhistas em nosso país[139]. É o Direito do Trabalho o ramo do Direito que cuida do trabalho subordinado no Brasil.

São 5 (quatro) os princípios específicos do Direito do Trabalho, quais sejam: (a) princípio de proteção ao empregado[140]; (b) princípio da irrenunciabilidade de direitos pelo empregado[141]; (c) princípio da primazia

---

[139] Vide Lei nº 13.467, 13/07/2017, que promoveu diversas alterações ao texto da CLT. Tal reforma teve como principal objetivo flexibilizar algumas regras da CLT (ex. mais autonomia para empregador e empregado negociarem e contratarem diretamente com menos intervenção do Estado) e realizou a primeira grande reforma na legislação com o objetivo de trazer maior segurança jurídica nas relações trabalhistas. Sobre a reforma trabalhista, seus reflexos práticos e diversas polêmicas, recomendam-se dois portais para textos especializados: https://www.jota.info/trabalho; e https://www.conjur.com.br/areas/trabalhista. Acesso em: 11/05/2018.

[140] Este é o principal princípio do Direito do Trabalho, cujo objetivo é o da promoção de melhorias das condições sociais do trabalhador. Em razão da sua inferioridade econômica (igualdade substancial), o ordenamento jurídico deve lhe prestar uma superioridade jurídica (igualdade formal) em todos os momentos para reequilibrar tal relação. Esse princípio pode ser subdividido em três outros, quais sejam:
in dubio pro operário (princípio de interpretação, segundo o qual sempre a interpretação deverá ser favorável ao empregado); norma mais favorável ao empregado (em caso de aplicação de mais de uma norma, deverá prevalecer aquela que for mais favorável ao empregado, ainda que ela for formalmente de hierarquia inferior, exceto se houver afronta a leis proibitivas ou de ordem pública, caso em que prevalecerá a norma cogente); e condição mais benéfica ao empregado (durante o contrato de trabalho, deverão ser preservadas as vantagens adquiridas pelo empregado, as quais não podem ser retiradas ou diminuídas, salvo no caso de melhoria das condições do empregado).

[141] Tal princípio está previsto expressamente no artigo 9º, segundo o qual "serão nulos de pleno direito os atos praticados com o objetivo de desvirtuar, impedir ou fraudar a aplicação dos preceitos contidos na presente Consolidação" e no artigo 444, segundo o qual "as relações contratuais de trabalho podem ser objeto de livre estipulação das partes interessadas em tudo quanto não contravenha às disposições de proteção ao trabalho, aos contratos coletivos que lhes sejam aplicáveis e às decisões das autoridades competentes", ambos da CLT.

da realidade[142]; (d) princípio da continuidade do vínculo empregatício[143]; e (e) princípios constitucionais trabalhistas[144].

Para o empreendedor que vai contratar mão-de-obra de forma subordinada é importante saber também algumas importantes proibições legais, constantes do artigo 7º, incisos XXX a XXXIV, da CF/88, além da óbvia proibição para o trabalho contando com objeto ilícito (passível de nulidade plena)[145], quais sejam:

a) Diferenciar salários, exercício de funções e critério de admissão por motivo de sexo, idade, cor ou estado civil;

b) Discriminar no tocante a salário e critérios de admissão do trabalhador portador de deficiência;

c) Distinguir entre trabalho manual, técnico e intelectual ou entre os profissionais respectivos;

d) Aceitar trabalho noturno, perigoso ou insalubre a menores de dezoito e de qualquer trabalho a menores de dezesseis anos, salvo na condição de aprendiz[146], a partir de quatorze anos; e

---

[142] Prioriza-se, com esse princípio, a verdade real à verdade meramente formal. Isto é, no Direito do Trabalho é fundamental que se conheçam os fatos e as circunstâncias da relação trabalhista, além dos documentos e formalidades que possam existir. Também chamado de princípio do "contrato realidade", ele se materializa pelos próprios conceitos de empregador e empregado previstos nos artigos 2º e 3º *caput* da CLT, denotando situações fáticas e não situações jurídicas para a sua configuração.

[143] O contrato de trabalho deve ser preservado, com a presunção de que será por prazo indeterminado (contratação por prazo determinado deve ser exceção e dentro dos limites legais). Vários são os dispositivos legais que corroboram tal princípio, tal como o disposto no artigo 7º, I da CF/88 (proteção da relação de emprego contra a dispensa arbitrária ou sem justa causa) e no disposto no artigo 7º, XXI da CF/88 c/c artigo 487 da CLY (concessão do aviso prévio para a rescisão do contrato de trabalho). A própria sucessão trabalhista, prevista nos artigos 10 e 448 da CLT, confirmam a aplicação desse importante princípio trabalhista.

[144] Vários são os princípios trabalhistas previstos na CF/88, tais como: (a) o trabalho é um valor social (artigo 1º); (b) o trabalho é um princípio da ordem econômica (artigo 170); e (c) é livre o exercício de qualquer trabalho, desde que atendidas as qualificações profissionais previstas em lei (artigo 5º, XIII).

[145] CC/02, art. 2.035, § único – Nenhuma convenção prevalecerá se contrariar preceitos de ordem pública, tais como os estabelecidos por este Código para assegurar a função social da propriedade e dos contratos.

[146] Vale mencionar que o estagiário não é empregado desde que observadas todas as regras previstas na Lei nº 11.788, de 25/09/2008. Tal trabalho é considerado como um ato educativo escolar.

e) Diferenciar direitos entre o trabalhador com vínculo empregatício permanente e o trabalhador avulso[147].

A caracterização do vínculo trabalhista, que leva ao empregado ter a gama de direitos prevista em lei, passa pelo reconhecimento de uma realidade fática que detecte a presença de um serviço de uma pessoa física que: (a) presta serviços em caráter não eventual (natureza contínua, de forma regular e habitual); (b) que se submete ao poder de direção do empregador (subordinação)[148]; (c) que recebe uma remuneração em contraprestação (onerosidade); e (d) que exerce tal trabalho de forma pessoal (pessoalidade).

b. *Administrador*
Administrar qualquer organização pressupõe dirigir os fatores de produção e implementar as decisões para a realização do objeto social tanto em âmbito interno quanto junto aos terceiros que lidam com essa organização. Isto é, a administração possui uma atuação interna (atos de gestão) e externa (representação, direcionada a terceiros que estão fora do ambiente da organização)[149]. Toda pessoa jurídica deve ter ao menos um

---

[147] Vale mencionar também a equiparação dos direitos dos empregados domésticos aos demais trabalhadores urbanos e rurais por meio da Emenda Constitucional nº 72, 02/04/2013, regulamentada pela Lei Complementar nº 150, de 01/06/2015.

[148] Esse poder contempla: (a) poder de organização da atividade empresarial, podendo definir a estrutura organizacional, a governança, número de funcionários, os perfis de cada cargo e as regras internas, tais como políticas e códigos de conduta; (b) poder de controle, podendo fiscalizar e controlar todas as atividades dos empregados; e (c) poder disciplinar, podendo definir penalidades aos empregados, tais como advertências verbais e por escrito e suspensões, além de dispensar o empregado por ou sem justa causa. No entanto, tais poderes não são absolutos, tendo uma série de limites legais. O exercício desse direito deve ser feito com moderação, de forma regular, sem abusos, sem exageros. Cuidados específicos devem ser tomados para que não se violem os seguintes dispositivos legais, sempre com o risco de serem impostas indenizações por danos materiais e morais, além do imenso risco reputacional/de imagem atrelado: (a) dignidade da pessoa humana (artigo 1º, III da CF/88); (b) intimidade, a vida privada, a honra e a imagem das pessoas (artigo 5º, X da CF/88); (c) tratamento desumano ou degradante (artigo 5º, III da CF/88); (d) Sigilo de correspondência e comunicações (artigo 5º, XII da CF/88); e (e) abuso ou exercício irregular de direito (artigo 187 do CC/02).

[149] Vide SACRAMONE, Marcelo Barbosa. **Administradores de Sociedades Anônimas**. São Paulo: Almedina Brasil, 2015, p. 41. Para o autor, administradores são contratados por meio de um "... negócio jurídico bilateral *sui generis* ou atípico, de forma solene e passível de rescisão *ad nutum*, em que se exigem plena capacidade de exercício, requisitos específicos e a inexistência

administrador, sendo que, na sua falta, todos os seus membros (sócios ou associados) tornam-se administradores coletivamente ou, na sua falta, poderá um juiz nomear um administrador provisório[150]. Em companhias abertas, sociedades de capital autorizado, sociedades de economia mista e em situações específicas previstas em lei, sociedades precisam ter ainda, obrigatoriamente, um conselho de administração, órgão colegiado acima da diretoria (órgão administrativo) com competência de supervisão e de monitoramento[151].

Em síntese, o relacionamento do administrador com a organização é contratual e possui as seguintes características: (a) trata-se de um contrato bilateral (administrador de um lado e pessoa jurídica do outro); (b) ele deve desempenhar uma obrigação de meio que contém atos jurídicos e materiais em favor da organização; (c) ele possui poderes de representação orgânica que advém da lei, dos documentos organizacionais e das deliberações dos sócios/associados; (d) atua com certa autonomia, sendo seus poderes delimitados pelos deveres fiduciários de obediência (à lei, aos documentos societários e às deliberações sociais), de lealdade e de diligência; (e) responde só pelos atos próprios, apesar da jurisprudência crescente ser no sentido de poder responder de forma colegiada ou até por omissão, conforme será visto em capítulo próprio; (f) não tem o mesmo dever de obediência do empregado, se estiver em descumprimento de outros deveres fiduciários; (g) pode agir de forma onerosa ou gratuita, desde que voltado ao cumprimento do objeto social; (h) está submetido a uma série de regras de conflito de interesses; (i) está submetido a uma série de regras de inelegibilidades; (j) possui um regime jurídico distinto do trabalhador

de impedimentos do contratado para a atribuição, mediante remuneração, de poderes de presentação e/ou gestão, indelegáveis e *intuito personae*, para o exercício, autônomo e com a diligência de um administrador competente e consciencioso, de uma atividade destinada à obtenção do interesse social" (p. 234-235).

[150] CC/02, Art. 47. Obrigam a pessoa jurídica os atos dos administradores, exercidos nos limites de seus poderes definidos no ato constitutivo.

Art. 48. Se a pessoa jurídica tiver administração coletiva, as decisões se tomarão pela maioria de votos dos presentes, salvo se o ato constitutivo dispuser de modo diverso.

Parágrafo único. Decai em três anos o direito de anular as decisões a que se refere este artigo, quando violarem a lei ou estatuto, ou forem eivadas de erro, dolo, simulação ou fraude.

Art. 49. Se a administração da pessoa jurídica vier a faltar, o juiz, a requerimento de qualquer interessado, nomear-lhe-á administrador provisório.

[151] Vide artigos 138, §2º e 239, "caput" da LSA.

e das demais figuras que prestam serviços no Brasil, sendo mais severa a regulação estatal em razão do seu potencial impacto sobre organizações e terceiros; (l) pode ser destituído a qualquer tempo e sem qualquer motivação, a chamada destituição *ad nutum*[152].

Em uma empresa, é fundamental discutir a situação jurídica do administrador. Teria ele uma também relação de emprego com a sociedade? São várias as teorias, mas somente a situação fática, o caso concreto poderá nos dar indícios se os requisitos do vínculo empregatício estão presentes, em razão do princípio da primazia da realidade, já mencionado. Tudo vai depender de como é a estrutura organizacional da sociedade, da real relação de subordinação ou não existente internamente, além dos demais requisitos do vínculo empregatício. Se a sociedade tiver Conselheiro de Administração, este dificilmente reunirá os referidos requisitos até porque a habitualidade é muito menor do que a de um diretor, por exemplo, que labora com frequência em favor da sociedade. Para não caracterizar o vínculo empregatício, o administrador deverá ter autonomia na sua função, não ser subordinado, não ser controlado, para que se evitem fraudes e prejuízos ao administrador que, de fato, for um empregado e não tiver, na prática, seus direitos trabalhistas observados pelo empregador[153].

c. *Prestador de serviços, empreiteiros, procuradores e representantes legais*

Outros personagens importantes que atuam em uma organização são os prestadores de serviços, os procuradores e os representantes legais. Cada um deles exerce uma função totalmente distinta e possui, por consequência, um regime jurídico distinto, apesar de que, na prática, podem ser a mesma pessoa natural[154]. Aliás, a praticidade em se ter a mesma pessoa

---

[152] Listagem adaptada de VIEIRA VON ADAMEK, Marcelo. **Responsabilidade civil dos administradores de S/A e as ações correlatas**. São Paulo: Saraiva, 2009, p. 48-50.

[153] E os chamados "cargos de confiança"? Diversas empresas possuem empregados que exercem funções muito proximamente aos da alta direção, tendo bastante autonomia na prática. O mesmo racional aplicável aos administradores deve ser utilizado nessa situação: presentes os elementos do vínculo empregatício no caso concreto, estará caracterizado o contrato de trabalho com todo o dirigismo estatal comentado anteriormente.

[154] Para uma discussão detalhada sobre esses diferentes regimes legais, recomendam-se as seguintes obras: CASSETTARI, Christiano. **Elementos de Direito Civil**. 4ª ed. São Paulo: Saraiva, 2016; COELHO, Fábio Ulhoa. **Curso de Direito Civil** – Contratos. 7ª ed. São Paulo: Saraiva, 2014; FERREIRA DA ROCHA, Silvio Luis. **Contratos. Direito Civil 6**. São Paulo: Malheiros, 2015; e GOMES, Orlando. **Contratos**. 27ª ed. Rio de Janeiro: Forense, 2007.

exercendo o mesmo papel em uma organização não é recomendável até em razão da natureza jurídica muito díspares que cada instituto possui no ordenamento jurídico brasileiro, podendo levar a uma indesejável responsabilização de quem não se deva em uma situação prática, senão vejamos.

Prestadores de serviços são sujeitos às regras do CC/02 e não à CLT por serem trabalhadores autônomos, portanto não subordinados como os empregados. Podendo prestar serviços lícitos de natureza material ou imaterial, eles trabalham com mais liberdade do que os empregados, logo com menor proteção jurídica. Quem contrata esses serviços é denominado "tomador", enquanto quem o realiza é o "prestador", sendo normalmente um contrato oneroso (com remuneração atrelada, podendo ser ajustada por período ou serviço). As regras sobre prestadores de serviços estão previstas nos artigos 593 a 609 do CC/02, com destaque à proibição ao aliciamento à mão-de-obra alheia[155].

Ao lado da prestação de serviços, temos o contrato de empreitada, regulado nos artigos 610 a 626 do CC/02. Pessoa física ou jurídica, o empreiteiro obriga-se a executar uma determinada obra ou trabalho, mediante um certo preço combinado, sem subordinação, podendo ou não fornecer os materiais. Trata-se de uma modalidade contratual em que se distribui bem mais o risco e os custos entre as partes contratantes, com muito mais autonomia entre elas e com muito mais liberdade contratual e com menos interferência do Estado nessa relação jurídica. Partes estabelecem como distribuem entre si tais custos e riscos de uma forma muito mais livre do que o fariam em um contrato de trabalho ou de prestação de serviços, razão pela qual o instrumento contratual precisa ser muito bem detalhado em razão das características da relação real entre empreiteiro e dono da obra. No contrato de empreitada, as partes estão muito mais em pé de igualdade do que estariam nas demais modalidades contratuais estudadas até o momento, com menos poder de uma sobre a outra, logo com menos proteção do Estado sobre algum hipossuficiente que se pressupõe inexistente.

Já o mandato é um contrato fundamental à medida que a organização empresarial se torna mais e mais complexa, necessitando a administração de mais e mais ajuda para que seus atos de gestão possam se materiali-

---

[155] CC/02, Art. 608. Aquele que aliciar pessoas obrigadas em contrato escrito a prestar serviço a outrem pagará a este a importância que ao prestador de serviço, pelo ajuste desfeito, houvesse de caber durante dois anos.

zar de forma mais eficiente. Afinal, não se pode estar onipresente (mandato extrajudicial) e há situações, como na representação judicial, que a organização precisa da representação de um advogado para defender seus interesses ativa ou passivamente sob o ponto de vista jurídico (mandato judicial). Regulado nos artigos 653 a 692 do CC/02, o contrato de mandato, materializado pelo conhecido instrumento de procuração (e do substabelecimento), reflete a outorga de poderes que o mandante faz ao mandatário para que este pratique atos ou administre interesse em nome do primeiro. Cuidados especiais precisam ser tomados para mandatos por meio dos quais se outorguem poderes para alienar, hipotecar, transigir ou praticar outros quaisquer atos que exorbitem atos da administração ordinária, pois eles dependem de poderes especiais e expressos nesse sentido (artigo 661, §1º do CC/02).

Por fim, a lei brasileira determina que, para determinados caso, certas pessoas devem figurar como representantes legais obrigatórios, situação que deve ser considerada pelo empreendedor na escolha das pessoas que exercerão as funções e atividades que estamos listando neste item. São situações que podem envolver aspectos relacionados à falta de capacidade jurídica plena[156] do representado ou até mesmo uma mera escolha do Estado para facilitar alguma ação de monitoramento ou fiscalização sobre a atividade econômica. São exemplos de representantes legais em nosso país[157]:

---

[156] A capacidade jurídica plena, em nosso país, garante à pessoa física ou jurídica o exercício pleno de direitos e a possibilidade de ser responsabilizada. Há variações de critérios dependendo do ramo do direito em questão, tema envolvido e repercussão do ato ou negócio jurídico. Em regra, pessoas físicas a partir de 18 anos (ou após 16 anos emancipadas) e não interditadas possuem pleno exercício de seus direitos, em especial para realizar atos e negócios jurídicos, foco deste livro que é base da atividade empresarial (vide artigos 1º e 5º do CC/02). Por isso é fundamental sempre verificar a capacidade jurídica de todas as partes com quem se realiza um negócio jurídico, em especial com a verificação dessa questão junto a órgãos de registro público. O mesmo se aplica quanto à verificação dos poderes de um administrador de uma pessoa jurídica e quanto à regularidade da própria pessoa jurídica. Vale lembrar a regra de ouro no mundo contratual brasileiro prevista no artigo 104 do CC/02: "a validade do negócio jurídico requer: I – agente capaz; II – objeto lícito, possível, determinado ou determinável; e III – forma prescrita ou não defesa em lei." (grifos nossos). Vale lembrar, por fim, o disposto no artigo 972 do CC/02, segundo o qual: "podem exercer a atividade de empresário os que estiverem em pleno gozo da capacidade civil e não forem legalmente impedidos".

[157] Vide artigos 932, 1169 e seguintes, 1210 e seguintes e 1228 e seguintes do CC/02, e artigo 7º e Anexo V da Instrução Normativa da RFB nº 1634, de 06/05/2016.

- os pais em relação a seus filhos incapazes;
- o tutor e curador pelos seus tutelados e curatelados;
- o empregador por seus empregados e prepostos;
- o possuidor pelos efeitos da posse;
- o proprietário sobre os efeitos e despesas sobre os bens de sua propriedade; e
- o representante pessoa física indicado pela pessoa jurídica junto ao Cadastro Nacional da Pessoa Jurídica antes do início de suas atividades

d. Terceirização

O trabalho humano, com é de conhecimento geral, vem sendo desafiado nos últimos anos. A introdução desenfreada e cada vez mais eficiente da tecnologia como meio de produção faz com que algumas tarefas tradicionalmente humanas sejam substituídas por máquinas, computadores e, mais recentemente, pela inteligência artificial. Empresas buscam cada vez mais competir em um mundo globalizado com mais eficiência e redução de custos. Crises econômicas alimentam mais ainda tais efeitos, tornando algumas modalidades de trabalho humano extremamente interessantes sob o ponto de vista empresarial, mas altamente impactantes sob o ponto de vista jurídico--social[158]. A terceirização é um desses institutos bem nessa "zona cinzenta".

Sob o ponto de vista empresarial, a terceirização é vantajosa quando se busca uma especialização sobre o serviço realizado ou o bem a ser produzido, obtendo um menor custo nesse processo. Trata-se de um processo de descentralização do processo produtivo que faz sentido sob o ponto de vista econômico e até estratégico. No caso de empresas multinacionais ou até mesmo para se aproveitar algum benefício regional (ex. benefício fiscal de algum Estado ou Município) ou logístico (atrelado pela proximidade a fornecedores ou clientes), tal subcontratação é recomendável. Pode-se economizar tempo, aumentar eficiência gerencial, além de garantir níveis de qualidade altos pela especialidade da empresa terceirizada. Há uma clara alocação de riscos e responsabilidades entre as partes envolvidas (contratante e terceirizada), neste ponto chamando a atenção da legislação trabalhista, pelo narrado anteriormente[159].

---

[158] Sobre o tema, vide NASCIMENTO, Amauri Mascaro. **Direito Contemporâneo do Trabalho**. São Paulo: Saraiva, 2012, p. 24-26.

[159] Vide MARTINS, Sérgio Pinto. **A terceirização e o Direito do Trabalho**. 12ª ed. São Paulo: Atlas, 2012.

Sob o ponto de vista jurídico-trabalhista, a preocupação que se tem contra a terceirização é a diminuição dos direitos e proteção do trabalhador dessa empresa terceirizada, que poderia receber remunerações e benefícios menores do que se trabalhasse diretamente para a empresa beneficiária final dos serviços ou da produção, além de uma possível diminuição na sindicalização e representatividade dos mesmos, agora terceirizados e descentralizados. Seriam os direitos trabalhistas protegidos da mesma forma nessa modalidade contratual, ainda mais com a permissão de terceirização ampla, incluindo atividades-meio (de suporte, complementares) e atividades-fim? Historicamente, a solução mais radical para essa questão foi a responsabilização solidária entre empresa tomadora e empresa terceirizadora em razão dos eventuais débitos trabalhistas da última que, na prática, atinge a motivação econômica da própria terceirização, conforme mencionado anteriormente. Responsabilização de forma subsidiária resolveria, ou seja, primeiro a empresa terceirizadora e depois a tomadora, uma solução intermediária?

No Brasil, o tema passou por várias fases, cujo entendimento está longe de ser pacificado. Com base em diversos precedentes, o Tribunal Superior do Trabalho, instância máxima da Justiça do Trabalho em nosso país, formulou em 1993 (com revisões posteriores) a famosa Súmula 331, segundo a qual a contratação de trabalhadores por empresa interposta é ilegal, formando vínculo trabalhista diretamente com o tomador de serviços, salvo no caso de contrato de trabalho temporário. A Súmula excluía também desse efeito trabalhista a contratação de serviços de vigilância e de conservação e limpeza, bem como a de serviços especializados ligados à atividade-meio do tomador do serviço, desde que não estivessem presentes os requisitos de pessoalidade e subordinação direta. Nos casos permitidos expressamente pela Súmula, em caso de inadimplemento de obrigações trabalhistas por parte da empresa formalmente empregadora, geraria responsabilidade subsidiária do tomador dos serviços, desde que participasse da relação processual e constasse do respectivo título executivo judicial. Outras formas de terceirização levariam, no entanto, à responsabilização do tomador de forma solidária. A referida solução sempre desagradou todos os interesses em jogo, não havendo, ainda, uma verdadeira segurança jurídica sobre os referidos limites legais, com diversas decisões judiciais distintas dependendo do contexto e até mesmo do juiz trabalhista do caso concreto.

Se olharmos a legislação trabalhista nas últimas décadas, nota-se claramente um movimento de flexibilização da legislação trabalhista, não só no campo do direito material, mas também nas chamadas "obrigações acessórias", justamente para reduzir esse custo de transação elevado que tomou conta dessas relações, na contramão da evolução empresarial. Tal movimento culminou em uma enorme reforma legislativa[160] ocorrida no ano de 2017, em especial sobre a terceirização, mas não de forma ampla para todas as situações possíveis. De acordo com a Lei nº 13.429, de 31/03/2017, que altera a Lei nº 6.019, de 03/01/1974 (sobre trabalho temporário), a terceirização passa a ser legal se preencher os seguintes requisitos: (a) se a terceirização for por prazo determinado para atender a uma necessidade de substituição transitória de pessoal permanente ou à demanda complementar de serviços (decorrentes de fatores imprevisíveis ou de natureza intermitente, periódica ou sazonal), não podendo (salvo previsão legal) fazê-lo para substituição de trabalhadores em greve; (b) só pode ser realizado por pessoa jurídica devidamente registrada no Ministério do Trabalho; (c) tal pessoa jurídica precisa ser regular (inscrição no CNPJ e registro na Junta Comercial), além de possuir um capital social mínimo de R$ 100 mil; (d) contrato de terceirização deve ser por escrito e seu instrumento deve ficar à disposição da autoridade fiscalizadora no estabelecimento da tomadora de serviço; (e) contrato deve conter uma série de elementos mínimo, dentre os quais os motivos que justificaram a contratação do trabalho temporário; prazo da prestação de serviços e as disposições sobre a segurança e a saúde do trabalhador; (f) a empresa contratante deve garantir as condições de segurança, higiene e salubridade dos trabalhadores, quando o trabalho for realizado em suas dependências ou em local por ela designado; (g) e empresa contratante estenderá ao trabalhador da empresa de trabalho temporário o mesmo atendimento médico, ambulatorial e de refeição destinado aos seus empregados, existente nas dependências da contratante, ou local por ela designado; (h) o contrato de trabalho temporário pode versar sobre o desenvolvimento de atividades-meio e atividades-fim a serem executadas na empresa tomadora de serviços; (i) prazo contratual não pode exceder 180 dias consecutivos ou não, podendo ser prorrogado

---

[160] Sobre o tema e sob um ponto de vista bastante crítico e multidisciplinar vide FERREIRA, Olavo Augusto Vianna Alves; e MENDES, Márcia Cristina Sampaio (coord.) **Reforma trabalhista**. São Paulo: Migalhas, 2017.

OS PRINCIPAIS *STAKEHOLDERS* DA ATIVIDADE EMPRESARIAL

por até 90 dias, consecutivos ou não, comprovada a manutenção das condições que o ensejaram; (j) a contratante é subsidiariamente responsável pelas obrigações trabalhistas referentes ao período em que ocorrer o trabalho temporário e o recolhimento das contribuições previdenciárias; e (l) a empresa prestadora de serviços a terceiros deve também preencher alguns requisitos formais, dentre os quais inscrição no CNPJ, registro na Junta Comercial e capital compatível com o número de empregados (de acordo com uma tabela constante da própria lei).

Como visto, a referida lei trata de uma modalidade específica de terceirização, deixando uma boa parte dos casos em aberto. Fica aberta a questão e, claro, insegurança jurídica a todos os envolvidos. Como a Justiça do Trabalho vai aplicar, de fato, tais mudanças e sopesar a eficiência empresarial com os direitos trabalhistas, estes ainda com ampla proteção em nosso país? Como identificar situações de "pejotização" e uma terceirização dentro dos parâmetros legais na prática, situação em que prevalecem a autonomia e independência do prestador de serviços? É fundamental, portanto, que todo o empreendedor se atente à regulação do trabalho em nosso país, sendo um grande diferencial em seu planejamento e em suas decisões gerenciais.

3. Relacionamentos com consumidores
a. *Por que tanta proteção?*

Marketing invasivo[161], superendividamento[162], práticas abusivas contra hipervulneráveis[163], comércio eletrônico[164], "recalls"[165], publicidade

---

[161] Prática de *telemarketing* agressivo praticado por diversas empresas por meio da qual se oferta um serviço ou um produto muitas vezes sem a prévia solicitação do cliente. Trata-se de uma técnica invasiva, abusiva e, portanto, ilegal, por meio da qual muitas empresas entram em contato com clientes por meio de telefone ou outras formas de comunicação, invariavelmente em momentos fora de horário comercial ou até mesmo em situações em que o cliente está mais vulnerável, tais como após uma cirurgia ou pós-cirurgia ou falecimento de um familiar próximo.

[162] Para Daniel Bucar, a responsabilidade patrimonial hoje contempla um "patrimônio de dignidade", que deveria garantir um mínimo para a subsistência de qualquer devedor por meio de um escudo de impenhorabilidade, uma verdadeira "renovação axiológica". BUCAR, Daniel. **Superendividamento – reabilitação patrimonial da pessoa humana.** São Paulo: Saraiva Jur, 2017, p. 202. Nas relações de consumo, que podem levar ao consumismo desenfreado, notadamente com uma oferta indiscriminada e até irresponsável de crédito, a garantia desse "mínimo existencial" passa a ser objeto de preocupação do Estado para que haja, de fato,

parasitária[166], práticas discriminatórias, publicidade enganosa/abusiva/ subliminar, dentre outras tantas situações caracterizam, na linguagem

mais proteção a essa parte mais vulnerável, seja em um momento pré-consumo, seja pós-endividamento. Vide BERTONCELLO, Káren Rick Danilevicz. **Superenvidivamento do consumidor: mínimo existencial – casos concretos**. São Paulo: Thomson Reuters/RT: 2015, p. 129-132.

[163] Hipervulneráveis são categorias de consumidores com mais vulnerabilidades ainda dos que os demais, tais como incapazes, idosos, internautas, doentes/portadores de necessidades, dentre outros que possam estar em situação de menor capacidade decisória ou negocial junto a um fornecedor de bens ou serviços. Quanto à vulnerabilidade de idosos, vide SCHMITT, Cristiano Heineck. **Consumidores hipervulneráveis – a proteção do idoso no mercado de consumo.** São Paulo: Atlas, 2014.

[164] Renato Opice Blum e Paulo Sá Elias, já em 2011, caracterizavam o consumidor o século XXI como o "consumidor-internauta". Vide OPICE BLUM, Renato; e ELIAS, Paulo Sá. **O consumidor do século XXI.** Revista do Advogado nº 114, 2011, p. 103-118. As regras sobre o chamado "Serviço de Atendimento ao Consumidor" ou "SAC" encontram-se previstas no Decreto n. 6.523, de 31/7/2008, trazendo uma série de regras mínimas relacionadas à acessibilidade do serviço, à sua qualidade, ao acompanhamento das demandas, procedimento para resolução de demandas e para pedidos de cancelamento de serviços formulados pelo consumidor. Já a regulação do chamado *e-commerce* encontra-se no Decreto n. 7.962, de 15/3/2013. Em breve síntese, o fornecedor deverá respeitar a três princípios básicos na contratação no comércio eletrônico: (a) informações claras a respeito do produto, serviço e do próprio fornecedor; (b) atendimento facilitado ao consumidor; e (c) respeito ao direito de arrependimento (o de 7 dias contados do recebimento do produto ou serviço, previsto no artigo 49 do CDC), situação em que serão devolvidos, de imediato, os valores eventualmente pagos pelo consumidor a qualquer título monetariamente atualizados. Além disso, os sites e demais meios eletrônicos utilizados para oferta ou conclusão de contrato de consumo devem disponibilizar, em local de destaque e de fácil visualização diversas informações relacionadas ao fornecedor, ao produto ou serviço, ao preço e demais despesas, eventuais condições ou restrições da oferta. Esse mesmo decreto regula também as modalidades de ofertas de compras coletivas ou análogas, além de regras mínimas para o atendimento facilitado ao consumidor nessa forma de contratação. Por fim, vale destacar o chamado "Marco Civil da Internet", Lei n. 12.965, de 23/4/2014, que estabelece princípios, garantias e deveres para o uso da Internet no Brasil.

[165] Além de uma obrigação legal prevista no artigo 10, §§1º e 2º do Código de Defesa do Consumidor (CDC/90), trata-se de uma medida positiva do fornecedor que contribui para preservar ou restaurar a sua imagem junto ao consumidor e reduzir riscos jurídicos e eventuais perdas econômicas decorrentes. Órgãos regulatórios regulamentam regras específicas sobre o tema em suas respectivas competências.

[166] Trata-se de tática comercial de promover determinado produto ou serviço às custas de um concorrente muitas vezes desprestigiando-o, atribuindo-o características negativas, com tom jocoso. Além de prejudicar a livre concorrência (conduta anticompetitiva), tal prática ainda lesa consumidores que se confundem no ato de consumo.

de Rizzato Nunes, a chamada "Era do Consumo"[167]. Quem hoje se relaciona bem com um consumidor, além de ter mais rentabilidade, consegue ter uma excelente reputação, justamente pelos efeitos maléficos que uma má relação com esse importante "stakeholder" pode ocasionar. Esse bom relacionamento é estrategicamente salutar para qualquer organização e compreender a regulação jurídica brasileira a respeito é fundamental nesse sentido[168].

A base de toda a regulação sobre as relações de consumo está no conceito de vulnerabilidade. O consumidor[169] é vulnerável em relação ao fornecedor[170] em pelo menos um dos seguintes aspectos: (a) econômico (menor poder negocial/barganha); (b) informacional (conhece menos sobre os elementos e circunstâncias necessários à decisão por contratar); (c) técnica (conhece menos tecnicamente sobre o produto ou o serviço em questão); (d) jurídica (possui uma desvantagem no tempo, de recursos ou até mesmo de mecanismos legais, que podem até ser ineficazes e não efetivos); e (e)

[167] Cf. NUNES, Rizzato. **Era do Consumo.** São Paulo: Migalhas, 2016. Na obra, o autor comenta amplamente os comportamentos do fornecedor e do consumidor, este com alto potencial de ser abusado pelo primeiro em razão das inúmeras técnicas de publicidade e *marketing*, nem sempre dentro de padrões éticos e legais. O autor batiza essa relação de "capitalismo selvagem e consumidor desesperado", tecendo uma série de comentários jocosos, tais como "abusa quem pode, acata quem não tem iniciativa" e listando uma série de situações reais em que o consumidor tem seus direitos desrespeitados em nosso país, aproveitando uma série de princípios e regras de Direito do Consumidor que estudaremos neste item.

[168] É muito ampla a doutrina brasileira sobre Direito do Consumidor. Recomendamos alguns manuais clássicos sobre o tema: BEJNAMIN, Antonio Herman V. et al. **Manual de Direito do Consumidor.** 5ª ed. São Paulo: Thomson Reuters/RT, 2013; BRAGA NETTO, Felipe Peixoto. **Manual de Direito do Consumidor.** 10ª ed. Salvador: JusPodivm, 2015; CAVALIERI FILHO, Sérgio. **Programa de Direito do Consumidor.** 4ª ed. São Paulo: Atlas, 2014; FILOMENO, José Geraldo Brito. **Manual de Direitos do Consumidor.** 11 ed. São Paulo: Atlas, 2012; e NUNES, Rizzatto. **Curso de Direito do Consumidor.** 8ª ed. São Paulo: Saraiva, 2013.

[169] CDC/90, art. 2° Consumidor é toda pessoa física ou jurídica que adquire ou utiliza produto ou serviço como destinatário final. Parágrafo único. Equipara-se a consumidor a coletividade de pessoas, ainda que indetermináveis, que haja intervindo nas relações de consumo; art. 17. Para os efeitos desta Seção (responsabilidade pelo fato do produto ou serviço), equiparam-se aos consumidores todas as vítimas do evento; e art. 29. Para os fins deste Capítulo (práticas comerciais) e do seguinte (proteção contratual), equiparam-se aos consumidores todas as pessoas determináveis ou não, expostas às práticas nele previstas.

[170] CDC/90, art. 3° Fornecedor é toda pessoa física ou jurídica, pública ou privada, nacional ou estrangeira, bem como os entes despersonalizados, que desenvolvem atividade de produção, montagem, criação, construção, transformação, importação, exportação, distribuição ou comercialização de produtos ou prestação de serviços.

de escolha (normalmente o consumidor não possui opção se não contratar um determinado produto ou serviço, muitas vezes por falta de opção de fornecedores ou de produtos ou serviços substitutos disponíveis no mercado). É justamente em razão dessa vulnerabilidade de fato que o Estado confere mais proteção jurídica e empresta uma série de mecanismos para compensar tal diferença. Esse "equilíbrio de forças" é fundamental para que o mercado de consumo funcione de forma harmônica.

b. *Principais direitos e deveres*

Os direitos dos consumidores são, desde 1985, considerados direitos humanos, ao mesmo tempo um direito social e um direito econômico, que contemplam cinco grandes categorias: (a) direito à saúde; (b) direito à segurança; (c) direito à informação; (d) direito à escolha; e (e) direito a ser ouvido. No Brasil, o Direito do Consumidor possui um caráter bastante tutelar, protetor, de cunho social, tendo expressa previsão constitucional e funcionando simultaneamente como um direito fundamental e um princípio da ordem econômica[171]. Além de previsto expressamente na CF/88, o Direito do Consumidor está regulado principalmente pela Lei nº 8.078, de 11/09/1990 (mais conhecido como Código de Defesa do Consumidor ("CDC/90"), uma lei repleta de princípios, cláusulas gerais e conceitos legais indeterminados, justamente para que esse diploma legal possa se adequar às inúmeras situações concretas e às inevitáveis mutações pelas quais passam as relações de consumo. O CDC possui, em sua estrutura normativa, normas de ordem pública e interesse social, podendo o juiz aplicá-las a qualquer tempo e instância, sem precisar ser evocado expressamente pelo consumidor.[172]

---

[171] CF/88, art.5º, inciso XXXII – o Estado promoverá, na forma da lei, a defesa do consumidor; art. 170. A ordem econômica, fundada na valorização do trabalho humano e na livre iniciativa, tem por fim assegurar a todos existência digna, conforme os ditames da justiça social, observados os seguintes princípios: ... V – defesa do consumidor.

[172] O microssistema do Código de Defesa do Consumidor é lei de natureza principiológica. Não é nem lei geral nem lei especial. Estabelece os fundamentos sobre os quais se erige a relação jurídica de consumo, de modo que toda e qualquer relação de consumo deve submeter--se à principiologia do CDC. [...] Caso algum setor queira mudar as regras do jogo, terá de fazer modificações no CDC e não criar lei à parte, desrespeitando as regras principiológicas fundamentais das relações de consumo, estatuídas no Código de Defesa do Consumidor." NERY, Rosa Maria de Andrade. NERY JUNIOR, Nelson. **Instituições de Direito Civil, v. III, Contrato. 2016**. São Paulo: RT, 2017, p. 155.

Dentre os principais princípios que norteiam o Direito do Consumidor em nosso país, destacam-se os seguintes:

- Boa-fé[173], que demanda tanto do fornecedor quanto do consumidor uma verdadeira postura ética na relação de consumo, postura com lealdade, honestidade e colaboração
- Transparência por meio do dever de informar do fornecedor e do direito à informação do consumidor[174]
- Segurança para que o consumidor possa, ao consumir produtos e serviços, ter a ciência exata dos riscos que corre ao consumir[175]
- Equidade e equilíbrio nas relações de consumo, justamente para que o mercado consumidor funcione da melhor forma possível[176]
- Revisão de cláusula ou do contrato de consumo em determinadas situações, em especial para atingir o equilíbrio econômico-financeiro do contrato[177]
- Responsabilidade objetiva pela reparação dos danos patrimoniais, morais, individuais, coletivos e difusos[178]
- Proteção contra publicidade ilegal (enganosa e abusiva)[179]
- Proteção contra práticas comerciais abusivas [180]
- Proteção contratual integral[181]
- Proteção contra cláusulas abusivas [182]
- Acesso à ordem jurídica justa, individual ou coletivamente [183]
- Facilitação da defesa do consumidor em juízo [184]

---

[173] Artigos 4º, III e 51, IV do CDC/90
[174] Artigo 4º, caput do CDC/90
[175] Artigo 12, §1º e 14 do CDC/90
[176] Artigo 4º, III do CDC/90
[177] Artigo 5º, V do CDC/90
[178] Artigo 6º, VI do CDC/90
[179] Artigo 37 do CDC/90
[180] Artigo 6º, IV, 39 e 44 do CDC/90
[181] Artigo 46 do CDC/90. Quanto à proteção contratual do consumidor, recomenda-se MARQUES, Cláudia Lima. **Contratos no Código de Defesa do Consumidor – o novo regime das relações contratuais**. 6ª ed. São Paulo: RT, 2011.
[182] Artigos 6º, IV e 51 do CDC/90
[183] Artigo 81, *caput* do CDC/90
[184] Artigo 6º, VIII do CDC/90

- Prerrogativa de propor e de responder ação em seu domicílio[185]
- Benefício da coisa julgada *erga omnes* ou *ultra partes*, independentemente de rol de beneficiados, do lugar de seu domicílio ou da competência territorial do juiz [186]

São 9 (nove) os direitos básicos do consumidor em nosso país e eles estão previstos no artigo 6º do CDC/90, quais sejam:

a) proteção da vida, saúde e segurança contra os riscos provocados por práticas no fornecimento de produtos e serviços considerados perigosos ou nocivos;

b) educação e divulgação sobre o consumo adequado dos produtos e serviços, asseguradas a liberdade de escolha e a igualdade nas contratações;

c) informação adequada e clara sobre os diferentes produtos e serviços, com especificação correta de quantidade, características, composição, qualidade, tributos incidentes e preço, bem como sobre os riscos que apresentem;

d) a proteção contra a publicidade enganosa e abusiva, métodos comerciais coercitivos ou desleais, bem como contra práticas e cláusulas abusivas ou impostas no fornecimento de produtos e serviços;

e) modificação das cláusulas contratuais que estabeleçam prestações desproporcionais ou sua revisão em razão de fatos supervenientes que as tornem excessivamente onerosas;

f) efetiva prevenção e reparação de danos patrimoniais e morais, individuais, coletivos e difusos;

g) acesso aos órgãos judiciários e administrativos com vistas à prevenção ou reparação de danos patrimoniais e morais, individuais, coletivos ou difusos, assegurada a proteção Jurídica, administrativa e técnica aos necessitados;

h) facilitação da defesa de seus direitos, inclusive com a inversão do ônus da prova, a seu favor, no processo civil, quando, a critério do juiz, for verossímil a alegação ou quando for ele hipossuficiente, segundo as regras ordinárias de experiências; e

i) adequada e eficaz prestação dos serviços públicos em geral.

---

[185] Artigos 6º, VIII e 93 do CDC/90
[186] Artigo 103 do CDC/90

Vale lembrar que tal lista não é exaustiva, até porque o sistema de proteção ao consumidor é aberto, permitindo que haja direitos espalhados por todo ordenamento jurídico brasileiro, inclusive em tratados e convenções internacionais dos quais o Brasil faz parte, conforme disposto no artigo 7º, *caput* do CDC/90.

c. *Órgãos de proteção e defesa do consumidor*

De nada adiantaria ofertar inúmeros direitos ao consumidor se o mesmo não tiver à sua disposição mais meios jurídicos para exercer tais direitos e foi exatamente tal providência que o Estado brasileiro começou a fazer nas últimas décadas, ainda que haja muito ainda a ser feito. Dentre os órgãos que mais ajudam a proteger os direitos dos consumidores em nosso país, listamos:

- Promotoria de Defesa do Consumidor, vinculada ao Ministério Público[187]
- Defensoria Pública[188]
- Delegacias especializadas em Direito do Consumidor[189]
- Procon[190]
- Cadastro de Reclamações Fundamentadas[191]
- Outros órgãos de defesa do consumidor, tais como agências regulatórias, órgãos de vigilância sanitária e o CADE

---

[187] CF/88, art. 127. O Ministério Público é instituição permanente, essencial à função jurisdicional do Estado, incumbindo-lhe a defesa da ordem jurídica, do regime democrático e dos interesses sociais e individuais indisponíveis. Art. 129. São funções institucionais do Ministério Público: I – promover, privativamente, a ação penal pública, na forma da lei; II – zelar pelo efetivo respeito dos Poderes Públicos e dos serviços de relevância pública aos direitos assegurados nesta Constituição, promovendo as medidas necessárias a sua garantia; III – promover o inquérito civil e a ação civil pública, para a proteção do patrimônio público e social, do meio ambiente e de outros interesses difusos e coletivos...

[188] CF/88, artigo 5º, LXXIV – o Estado prestará assistência jurídica integral e gratuita aos que comprovarem insuficiência de recursos

[189] Para a apuração de crimes relativos ao mercado de consumo. Vide artigos 63 a 74 do CDC/90.

[190] Artigos 55 a 60 do CDC/90

[191] Artigos 56 e 44 do CDC/90

d. Mas quando o consumidor não tem razão?

Há situações, no entanto, em que consumidores não possuem razão em reclamações junto a fornecedores. O principal exemplo acontece quando o consumidor abusa no exercício dos seus direitos, causando danos morais ao fornecedor. Exemplos não faltam nesse sentido, ainda mais quando consumidores se utilizam de redes sociais para reclamar de serviços não satisfatórios, dando publicidade exagerada e em meios inadequados de sua reclamação. Ofensas a honra e à imagem de fornecedores, ainda mais de forma ampla e irrestrita, não podem se confundir com o exercício regular de direitos de consumidor. O consumidor deve sempre se pautar por critérios de razoabilidade para exercer seus direitos, não podendo se exceder e ofender quem quer que seja. O Poder Judiciário sempre irá se pautar pelo equilíbrio nas relações de consumo[192].

De qualquer forma, nem sempre o consumidor "tem razão", devendo sempre haver o questionamento se há ou não a relação de consumo (se, sim, deve ser aplicado o regime protetivo do Direito do Consumidor). Direito do consumidor prescreveu ou decaiu? Há nexo de causalidade entre eventual dano sofrido pelo consumidor e alguma ação ou omissão do fornecedor? Daí vale analisar a importância das provas, os controles internos na organização, se há ou não livro de ocorrência e a relevância das provas existentes. Consumidor agiu de boa-fé? Há excludentes de responsabilidades que possam ser evocadas, tais como a de defeito inexistente (artigos 12, II ou 14, §3º, I do CDC/90), de que o fornecedor não colocou o produto no mercado (artigo 12, §3º, I do CDC/90) ou de que houve culpa exclusiva do consumidor ou de terceiro (artigo 12, §3º, III ou 14, §3º, II do CDC/90). O importante é relembrar que o sistema busca o equilíbrio, a harmonia nas relações de consumo, não a proteção absoluta do consumidor a qualquer custo.

4. Parceiros comerciais

A regulação dos chamados "contratos empresariais" difere e muito dos demais, em especial porque não há nessa relação jurídica um vulnerável a proteger, muito pelo contrário. Nesses contratos a autonomia privada é aplicada em seu "grau máximo"[193].

---

[192] Vide reportagem a respeito em http://www.migalhas.com.br/Quentes/17,MI225727,11049-Consumidora+e+condenada+por+abuso+do+direito+de+reclamar. Acesso em: 20/01/2018

[193] Classificação de Rodrigo Rebouças em REBOUÇAS, Rodrigo Fernandes. **Autonomia privada e análise econômica do contrato**. São Paulo: Almedina, 2017. Para o autor, importam também nessa análise as circunstâncias negociais e o comportamento das partes.

É importante destacar que o contrato empresarial sempre tem como uma das partes, ao menos, um empresário ou uma sociedade empresária no exercício da sua atividade econômica, sendo a outra não consumidora, empregada ou que não esteja sob algum regime jurídico protetivo específico. Para Haroldo Verçosa, citando J. A. Engrácia Antunes, os contratos empresariais possuem 3 (três) características peculiares: (a) objetivação (permanecem indiferentes e sobrevivem às vicissitudes dos respectivos substratos pessoais das partes contratantes, sendo por objeto a realização de uma atividade econômica das partes contratantes); (b) padronização (em razão da massificação dos contratos e da necessidade de agilização de sua celebração); e (c) mercadorização (mercado conforma o regime jurídico para evitar e coibir abusos dos empresários em diversas situações)[194].

Paula Forgioni, por sua vez, ressalta algumas importantes características dos contratos empresariais desde o seu processo de formação, incluindo a seleção do parceiro contratual, a utilização de advogados em negócios jurídicos complexos, longos e truncados processos negociais, detalhados processos de investigação de riscos (*due dilligence*), produção de documentos intermediários antes do definitivo com o gerenciamento de expectativas[195]. Para a professora, há "vetores de funcionamento" bem comuns aos contratos empresariais que conformam o seu regime jurídico e determinam a forma pela qual devem ser interpretados, dentre os quais: (a) partes buscam sempre uma vantagem econômica (lucro); (b) o princípio da força obrigatória dos contratos (*pacta sunt servanda*) deve ser respeitado, sob pena de inviabilizar o mercado e criar situações indesejadas de oportunismo; (c) a autonomia privada deve ser ampla, mas respeitando os limites legais; (d) todo o negócio possui uma função econômica; (e) deve haver segurança e previsibilidade no ambiente jurídico para que o contrato empresarial possa gerar riquezas; (f) presume-se a boa-fé das partes em um contrato empresarial, até porque as partes exercem atividade econômica e estão em mesmo pé de igualdade, reduzindo os custos de transação; (g) deve-se respeitar as legítimas expectativas criadas nos contratos empresariais; (h) usos e costumes empresariais devem integrar os contratos, sendo fonte de Direito, com uma tendência de globalização das práticas contra-

---

[194] Cf .Verçosa, Haroldo M. D. **Contratos mercantis e a teoria geral dos contratos – o Código Civil de 2002 e a crise do contrato**. São Paulo: Quartier Latin, 2010, p. 27 e 28.
[195] Vide Forgioni, Paula A. **Contratos Empresariais – teoria geral e aplicação**. São Paulo: RT, 2015, p. 75 a 90.

tuais; (i) quanto menores os custos de transação, mais fluem as relações econômicas; (j); contratos empresariais normalmente nascem da prática dos comerciantes, raramente do legislador; (l) contratos são instrumentos de alocação de riscos entre as partes; (m) agentes econômicos podem cometer erros, que fazem parte do risco empresarial; (n) partes contratuais tendem a se comportar de forma oportunística; (o) ao contratar, as partes não possuem todas as informações existentes sobre a outra, sobre o futuro e sobre a própria contratação (racionalidade limitada); (p) os contratos não contém previsões sobre todas as vicissitudes que serão enfrentadas pelas partes; (q) contratos empresariais normalmente não contemplam pontos controvertidos de forma deliberada; (r) deve-se analisar um negócio jurídico de forma multidisciplinar, em sua complexidade e contexto; (s) deve-se prestigiar a tutela do crédito em um contrato empresarial; (t) espera-se de um empresário sempre uma atitude egoística em relação a outro empresário, ou seja, priorizando seu próprio interesse econômico; (u) contratos empresariais tendem a ser mais informais; (v) a celebração de um contrato pode modificar o comportamento de uma parte em detrimento da outra (*moral hazard*); (x) um contrato pode levar à dependência econômica da partes; (z) tendência à não judicialização dos conflitos empresariais[196].

Hugo Yamashita lembra que, na prática, pode ocorrer a contratação entre empresários e/ou sociedades empresárias em situação desigual, como no caso de empresários individuais e micro e pequenas empresas. Nesse caso concreto, pode ocorrer eventual dependência empresarial em contratos interempresariais de longa duração com fortes vínculos jurídicos entre as partes, justificando eventual intervenção judicial para, por exemplo, evitar situações de manifesta onerosidade excessiva, mas em caráter excepcional[197].

Por fim, vale destacar que existem contratos empresariais típicos e atípicos envolvendo bens, serviços, representação/mediação e garantias de outros negócios jurídicos. Para Álvaro Villaça Azevedo, os contratos típicos são aqueles que receberam do ordenamento jurídico uma regulamentação específica, enquanto os atípicos carecem de uma disciplina particular[198]. De

---

[196] Idem, p. 109-179.

[197] Vide YAMASHITA, Hugo Tubone. **Contratos interempresariais – alteração superveniente das circunstâncias fáticas e revisão contratual**. Curitiba: Juruá, 2015, p. 262-263.

[198] Cf. AZEVEDO, Alvaro Villaça. **Teoria Geral dos Contratos Típicos e Atípicos**. 3ª ed. São Paulo: Atlas, 2009, p. 120-121.

acordo com o artigo 425 do CC/02, "é lícito às partes estipular contratos atípicos, observadas as normas gerais fixadas neste Código". Os contratos empresariais, em razão da sua complexidade, tendem a ser mais atípicos ou até mesmo contratos atípicos mistos, uma verdadeira mescla de contratos típicos ou típicos com atípicos, unidos por uma causa ou finalidade única, norte de sua interpretação[199].

5. Contratando com o Estado

Relacionar-se com o Estado está longe de ser uma tarefa fácil pois demanda uma compreensão de um regime jurídico bem peculiar, repleto de regras e princípios bastante diferentes dos que vimos até o momento. Muitos empreendedores se queixam sobre o excesso de burocracia estatal, sobre a alta percepção de corrupção por parte de agentes públicos, mas não dedicam um tempo precioso em estudar os fundamentos dessa relação, o que inevitavelmente ajudará no seu aproveitamento mais eficiente e sempre dentro da legalidade. Contratar com o Estado tem seus benefícios, além de ser um processo que traz aprendizados para as organizações, receitas mais de longo prazo, além de claros benefícios a interesses públicos que, direta ou indiretamente, acabam trazendo ganhos coletivos.

Em primeiro lugar, vale lembrar três "regras interpretativas de ouro" que caracterizam as normas administrativas: (a) os atos administrativos têm presunção de legitimidade, salvo prova em contrário; (b) o interesse público prevalece sobre o interesse individual, respeitadas as garantias constitucionais; e (c) a Administração Pública pode agir com certa discricionariedade, desde que observada a legalidade.

Carlos Ari Sunfeld lista 8 (oito) princípios gerais da Administração Pública que devem sempre ser levados em consideração nessa relação com o Poder Público, quais sejam: (a) Estado, seus órgãos e seus agentes são dotados de autoridade para impor comportamentos e para atribuir direitos aos particulares; (b) a validade do ato ou do comportamento do Poder Público depende da sua conformidade com o ordenamento jurídico em vigor; (c) toda atividade pública deve ter uma finalidade e direcionado a ela; (d) particulares são iguais perante o Estado; (e) o poder do Estado só pode ser exercido conforme o devido processo legal correspondente; (f) a

---

[199] Cf. FRANÇA, Pedro Arruda. **Contratos atípicos – legislação, doutrina e jurisprudência.** 4ª ed. Rio de Janeiro: Forense, 2006, p. 57-64.

ação do Estado deve se direcionar para fora, voltada ao interesse público; (g) o Poder Público responde pelos atos dos seus agentes ocupantes dos órgãos executivos, legislativos e jurisdicionais; e (h) as pessoas políticas do Estado brasileiro são iguais, não havendo hierarquia entre elas[200]. A própria CF/88, no artigo 37, *caput*, enumera 5 (cinco) princípios que devem nortear a ação de todos os órgãos da Administração Pública direta e indireta de qualquer dos Poderes da União, dos Estados, do Distrito Federal e dos Municípios: (a) legalidade; (b) impessoalidade; (c) moralidade; (d) publicidade); e (e) eficiência.

a. Contratos administrativos e suas modalidades

Em decorrência dos princípios acima listados, contratar com o Estado demanda uma atenção especial pelo particular. Há diversas regras e procedimentos específicos a serem seguidos, com um alto grau de formalismo. O artigo 37, XXI da CF/88 determina que, em regra, haja um processo de licitação prévio a qualquer contrato administrativo para se assegure igualdade de condições a todos os concorrentes. Há diversas leis que regularizam o processo de contratação com o Estado, com destaque à Lei nº 8.666, de 21/06/1993 ("Lei de Licitações"), conforme alterada.

Em breve síntese, a Lei de Licitações tem as seguintes características a serem observadas[201]:

a) A licitação deve garantir a observância do princípio constitucional da isonomia, a seleção da proposta mais vantajosa para o Estado e a promoção do desenvolvimento nacional sustentável, devendo ser processada e julgada em estrita conformidade com os princípios da legalidade, impessoalidade, moralidade, igualdade, publicidade, probidade administrativa, vinculação ao instrumento convocatório e julgamento objetivo;

b) A licitação não será sigilosa, exceto quanto ao conteúdo das propostas até a respectiva abertura;

c) Deve haver tratamento diferenciado e favorecido às microempresas e empresas de pequeno porte, na forma da lei;

---

[200] Vide SUNFELD, Carlos Ari. **Fundamentos de Direto Público**. 4ª ed. São Paulo: Malheiros, 2005, p. 152-186.

[201] Para uma visão bem resumida e esquematizada da Lei de Licitações, vide OLIVEIRA, Matheus. **Lei nº 8.666/93 – licitações e contratos administrativos.** Rio de Janeiro: Elsevier, 2014.

OS PRINCIPAIS *STAKEHOLDERS* DA ATIVIDADE EMPRESARIAL

d) Todas as compras terão seu objeto caracterizado e terão indicação dos recursos orçamentários para seu pagamento;

e) As compras deverão, sempre que possível, atender ao princípio da padronização, ser processadas através de sistema de registro de preços (precedido de ampla pesquisa de mercado), submeter-se às condições de aquisição e pagamento semelhantes às do setor privado; buscar economicidade na divisão das parcelas e se balizar pelos preços praticados no âmbito dos órgãos e entidades da Administração Pública;

f) As licitações ocorrerão em regra no local onde se situar a repartição interessada;

g) Há 5 (cinco) modalidades de licitação: concorrência, tomada de preços (interessados devidamente cadastrados), convite, concurso (trabalho técnico, científico ou artístico) e leilão (venda de móveis ou de produtos legalmente apreendidos ou penhorados ou para alienação de imóveis);

h) O artigo 24 prevê 35 (trinta e cinco) hipóteses em que é dispensável a licitação;

i) O artigo 25 lista 3 (três) hipóteses em que é inexigível a licitação (inviabilidade de competição);

j) A contratação com o Estado possui, basicamente, 4 (quatro) fases distintas: preparação, licitação e contratação e execução;

k) Os contratos administrativos são regidos pelas suas cláusulas, pelos preceitos de Direito Público, supletivamente pela teoria geral dos contratos e disposições do Direito Privado;

l) Todo contrato administrativo deverá conter uma garantia do agente privado em favor do ente público contratante;

m) Os contratos administrativos podem ser alterados unilateralmente pelo Poder Público para adequação às finalidades de interesse público, respeitados os direitos do contratado, rescindi-los unilateralmente em determinadas hipóteses, fiscalizar-lhes a execução, aplicar sanções motivadas pela inexecução total ou parcial do ajuste e, no caso de serviços essenciais, ocupar provisoriamente bens móveis, imóveis, pessoal e serviços vinculados ao objeto do contrato;

n) As cláusulas econômico-financeiras do contrato administrativo poderão ser revistas em determinadas situações para a manutenção do seu equilíbrio contratual;

o) A execução do contrato administrativo deverá ser acompanhada e fiscalizada por um representante da Administração especialmente designado, permitida a contratação de terceiros;

p) O contratado é responsável pelos danos causados diretamente à Administração ou a terceiros, decorrentes de sua culpa ou dolo na execução do contrato, independentemente de eventual fiscalização ou acompanhamento pela Administração;

q) O contratado é responsável pelos encargos trabalhistas, previdenciários, fiscais e comerciais decorrentes da execução do contrato;

r) O contratado, na execução do contrato, sem prejuízo de suas responsabilidades contratuais e legais, poderá subcontratar partes da obra, serviço ou fornecimento, até o limite admitido, em cada caso, pela Administração; e

s) A Lei de Licitações prevê uma série de sanções administrativas nos artigos 81 e seguintes, criminalizando algumas condutas nos artigos 89 e seguintes.

Fábio Bellote Gomes lista as seguintes características que um contrato administrativo apresenta como regra geral: (a) formalidade; (b) precedido por licitação; (c) cláusulas exorbitantes; (d) prazo determinado; (e) prestação de garantias; e (f) publicidade. Dentre as principais modalidades de contratos administrativos, o mesmo autor enumera os contratos de obras públicas, os de prestação de serviços, o de compra de insumos, de alienação de bens e direitos de titularidade da Administração Pública, as Parcerias Público-Privadas que analisaremos em detalhes mais adiante, contratos de gestão, concessão de uso de bem público, empréstimo público, consórcio público e convênios[202].

Vale, ainda, destacar ainda as parcerias administrativas, instituídas pela Lei nº 13.019, de 31/07/2014, celebradas mediante Termo de Colaboração ou de Fomento, cujo regime jurídico tem como fundamentos a gestão pública democrática, a participação social, o fortalecimento da sociedade civil, a transparência na aplicação dos recursos públicos, os princípios da legalidade, da legitimidade, da impessoalidade, da moralidade, da publicidade, da economicidade, da eficiência e da eficácia, destinando-se a assegurar:

---

[202] Vide GOMES, Fábio Bellote. **Elementos de Direito Administrativo.** 2ª ed. São Paulo: Saraiva, 2012, p. 163 a 182.

(a) o reconhecimento da participação social como direito do cidadão; (b) a solidariedade, a cooperação e o respeito à diversidade para a construção de valores de cidadania e de inclusão social e produtiva; (c) a promoção do desenvolvimento local, regional e nacional, inclusivo e sustentável; (d) o direito à informação, à transparência e ao controle social das ações públicas; (e) a integração e a transversalidade dos procedimentos, mecanismos e instâncias de participação social; (f) a valorização da diversidade cultural e da educação para a cidadania ativa; (g) a promoção e a defesa dos direitos humanos; (h) a preservação, a conservação e a proteção dos recursos hídricos e do meio ambiente; (i) a valorização dos direitos dos povos indígenas e das comunidades tradicionais; e (j) a preservação e a valorização do patrimônio cultural brasileiro, em suas dimensões material e imaterial.

Enquanto o termo de colaboração deve ser adotado pela Administração Pública para a consecução de trabalhos de sua iniciativa, o termo de fomento deve ser adotado para consecução de planos de trabalho propostos por organizações da sociedade civil que envolvam a transferência de recursos financeiros. Para celebrar as referidas parcerias, as organizações da sociedade civil devem ter, em seus estatutos e organização interna, disposições e arranjos que observem: (a) os objetivos voltados à promoção de atividades e finalidades de relevância pública e social; (b) que, em caso de dissolução da entidade, o respectivo patrimônio líquido seja transferido a outra pessoa jurídica de igual natureza que preencha os requisitos desta Lei e cujo objeto social seja, preferencialmente, o mesmo da entidade extinta; (c) escrituração de acordo com os princípios fundamentais de contabilidade e com as Normas Brasileiras de Contabilidade; e (d) possuir: no mínimo, um, dois ou três anos de existência, com cadastro ativo, comprovados por meio de documentação emitida pela SRF, com base no CNPJ, conforme, respectivamente, a parceria seja celebrada no âmbito dos Municípios, do Distrito Federal ou dos Estados e da União, admitida a redução desses prazos por ato específico de cada ente na hipótese de nenhuma organização atingi-los; experiência prévia na realização, com efetividade, do objeto da parceria ou de natureza semelhante; e instalações, condições materiais e capacidade técnica e operacional para o desenvolvimento das atividades ou projetos previstos na parceria e o cumprimento das metas estabelecidas.

Para a celebração dessas parcerias, tais organizações deverão apresentar uma série de documentos, dentre os quais certidões de regularidade fiscal, previdenciária, tributária, de contribuições e de dívida ativa, de acordo com a legislação aplicável de cada ente federado; certidão de existência jurídica expedida pelo cartório de registro civil ou cópia do estatuto registrado e de eventuais alterações ou, tratando-se de sociedade cooperativa, certidão simplificada emitida por junta comercial; cópia da ata de eleição do quadro dirigente atual; relação nominal atualizada dos dirigentes da entidade, com endereço, número e órgão expedidor da carteira de identidade e número de registro no CPF da RFB de cada um deles; e comprovação de que a organização da sociedade civil funciona no endereço por ela declarado.

Com relação às empresas públicas e sociedades de economia mista, a Lei nº 13.303, de 30/06/2016 traz uma série de regras sobre licitações e contratos administrativos, ainda que a atividade econômica esteja sujeita ao regime de monopólio da União ou seja prestadora de serviços públicos. De forma um pouco menos conservadora e engessada do que a Lei de Licitações, ela mantém a regra geral da exigência de licitação, trazendo uma série de hipóteses específicas de dispensa em seu artigo 29 e autorizando outras tantas de forma direta no artigo 30. Em síntese, o chamado "Estatuto Jurídico das Estatais" ressalta o princípio da busca pela proposta mais vantajosa, inclusive no que se refere ao ciclo de vida do objeto, com o objetivo de evitar situações de sobrepreço ou superfaturamento. Princípios da impessoalidade, moralidade, igualdade, publicidade, eficiência, probidade administrativa, economicidade, desenvolvimento nacional sustentável, vinculação ao instrumento convocatório, competitividade e julgamento objetivo devem ser observados durante todo o processo licitatório. Destaca-se a nova exigência imposta pelo artigo 32, V dessa lei, segundo a qual, nas licitações e contratos administrativos, deve ser observada a política de integridade (*compliance*) nas transações com partes interessadas, além da faculdade de se exigir prestação de garantia nas contratações de obras, serviços e comprar (artigo 70). A duração dos contratos não poderá excedera 5 (cinco) anos em regra, sendo vedada a contratação por prazo indeterminado[203].

---

[203] Sobre o tema vide BINENBOJM, Gustavo. **Disposições de caráter geral sobre licitações e contratos na Lei das Estatais (Lei nº 13.303/2016)** *in* NORONHA, João Otávio de et al. (coord.) Estatuto Jurídico das Estatais – Análise da Lei nº 13.303/2016. Belo Horizonte, Fórum, 2017, p. 205-233; e PEREIRA, César A. Guimarães. **Processo licitatório das empresas estatais:**

b. Parcerias Público-Privadas

Como bem destaca Maria Sylvia Di Pietro, em praticamente todo o mundo existe uma tendência de o Estado deixar de ser o grande e principal prestador de serviços públicos, passando a ter o papel de estimular a iniciativa privada a fazê-lo, seja diretamente (processos de desestatização/privatização de empresas públicas), seja por meio de parcerias com o Poder Público[204]. Nesse sentido, proliferam novas formas de contratos administrativos, em um movimento cada vez mais de delegação dessas atribuições à iniciativa privada, em especial no tocante à realização de obras públicas para as quais o Estado não dispõe de recursos públicos suficientes, ainda mais quando em um cenário de crescente déficit fiscal nas contas públicas como é o caso de diversos entes da Federação. O investimento público está cada vez mais comprometido e iniciativa privada pode ajudar com a sua expertise e gestão muitas vezes mais eficiente do que a estatal, colaborando com a Administração Pública nesse sentido.

Foi com esse espírito e com base em uma crescente experiência bem-sucedida em alguns outros países que foi editada a Lei nº 11.079, de 30/12/2004, instituindo normas gerais para licitação e contratação de Parcerias Público-Privadas ("PPP") no âmbito da Administração Pública, definindo PPP como um contrato administrativo de concessão, na modalidade patrocinada (tarifa cobrada do usuário mais contraprestação do parceiro público ao privado, podendo envolver serviços ou obras públicas) ou administrativa (só prestação de serviços públicos ou execução de obra ou fornecimento e instalação de bens). Apesar de não termos ainda muitos casos práticos implementados em nosso país, as PPPs passam a ter as seguintes regras em nosso país em âmbito federal:

a) Não podem ser celebradas para contratos com valor inferior a R$ 10 milhões e para prestação de serviços cujo período for inferior a 5 (cinco) anos ou que tenha como objeto único o fornecimento de mão-de-obra, o fornecimento e instalação e equipamentos ou a execução de obra pública;

---

finalidades, princípios e disposições gerais *in* JUSTEN FILHO, Marçal (org.). Estatuto Jurídico das Empresa Estatais. São Paulo: RT, 2016, p. 327-352.

[204] Cf. DI PIETRO, Maria Sylvia Zanella. **Parcerias na Administração Pública – concessão, permissão, franquia, terceirização, parceria público-privada e outras formas.** 9ª ed. São Paulo: Atlas, 2012, p. 2.

b) Devem seguir os princípios de eficiência no cumprimento das missões de Estado e no emprego dos recursos da sociedade; respeito aos interesses e direitos dos destinatários dos serviços e dos entes privados incumbidos da sua execução; indelegabilidade das funções de regulação, jurisdicional, do exercício do poder de polícia e de outras atividades exclusivas do Estado; responsabilidade fiscal na celebração e execução das parcerias; transparência dos procedimentos e das decisões; repartição objetiva de riscos entre as partes; e sustentabilidade financeira e vantagens socioeconômicas dos projetos de parceria;

c) Prazo contratual deve variar entre 5 e 35 anos, sempre levando em consideração o prazo compatível com a amortização dos investimentos realizados;

d) Contrato deve conter as penalidades aplicáveis a ambas as partes, repartição de riscos, formas de remuneração e de atualização dos valores contratuais, os mecanismos para preservação da atualidade da prestação dos serviços, bem como uma série de termos e condições mínimos para incentivar a participação efetiva da iniciativa privada nessa modalidade de contrato administrativo;

e) Antes da celebração do contrato, deverá ser constituída sociedade de propósito específico cujo objeto social será o de implementar e gerir o objeto da PPP; e

f) A contratação da PPP será precedida de licitação na modalidade de concorrência, sujeita a algumas condições listadas no artigo 10, em especial um preliminar estudo técnico específico.

6. Convivendo com o meio ambiente

A maioria das organizações hoje interfere, direta ou indiretamente, no meio ambiente. Suas atividades invariavelmente utilizam recursos naturais, que são escassos, criando poluição das mais variadas espécies, dentre as quais a sonora, atmosférica ou por resíduos sólidos. Algumas atividades são mais agressivas que outras, tais como as indústrias, as que utilizam elementos químicos em seu processo produtivo, aquelas que utilizam energia nuclear como insumo, outras que lidam com pesquisas genéticas e demais inovações e tecnologias disruptivas que possam impactar de alguma forma o meio ambiente. Há também o chamado "meio ambiente cultural", que reflete o patrimônio cultural de um povo, explorado pela iniciativa privada (e até pelo Estado) e nem sempre devidamente protegido. E o desenvolvimento urbano nessa discussão, como fica? Há atividades que impactam as cidades, as pessoas, a saúde de todos nós e de todo os seres vivos. E no ambiente de trabalho? A discussão sobre o Direito Ambiental é riquíssima e precisa cada vez ser mais endereçada pelas organizações, um excelente diferencial competitivo não só no Brasil.

No centro da proteção do meio ambiente está o princípio da dignidade da pessoa humana, talvez o maior princípio constitucional que temos em nosso país nos dias atuais, conforme temos visto nesta obra e que erradia efeitos para todos os temas tratados até o momento e nos que ainda virão. É de responsabilidade de todos nós, inclusive das organizações, proteger o meio ambiente, ainda mais quando o impacta em sua atividade econômica. Todo o cuidado é pouco porque as repercussões são grandes sob o ponto de vista jurídico, econômico, operacional e até mesmo reputacional nos dias de hoje. Compreender a crescente e não trivial legislação sobre o meio ambiente no Brasil é fundamental nesse sentido[205]!

a. A proteção constitucional

A proteção do meio ambiente no Brasil dá-se por meio de um sem número fontes normativas, boa parte influenciada por conferências internacionais dedicadas ao tema, com destaque para três diplomas legais:

- CF/88 (artigo 225) – traz os princípios do direito ambiental no Brasil;
- Lei nº 6.938, de 31/08/1981 – dispõe sobre a Política Nacional do Meio Ambiente; e
- Lei nº 9.605, de 12/02/1998 – dispõe sobre as sanções administrativas e penais derivadas de condutas e atividades lesivas ao meio ambiente[206]

É fundamental lembrar que o direito ambiental trata de um bem jurídico de uso comum do povo, não de um direito individual ou coletivo. Trata-se de um direito difuso. De acordo com o artigo 225 da CF/88, "todos têm direito ao meio ambiente ecologicamente equilibrado, bem de uso

---

[205] Vide dois bons manuais sobre o tema: FIORILLO, Celso Antonio Pacheco. **Curso de Direito Ambiental Brasileiro**. 17ª ed. São Paulo: Saraiva Jur, 2017; e SIRVINSKAS, Luís Paulo. **Manual de Direito Ambiental**. 15ª ed. São Paulo: Saraiva Jur, 2017.

[206] Especificadamente sobre essa lei, vide BITTENCOURT, Sidney. **Comentários à Lei de crimes contra o meio ambiente e suas infrações administrativas**. 4ª ed. São Paulo: Jhmizuno, 2016.

comum do povo e essencial à sadia qualidade de vida, impondo-se ao Poder Público e à coletividade o dever de defendê-lo e preservá-lo para as presentes e futuras gerações." Ou seja, todos devemos proteger tal bem, que é transindividual, indivisível, cujos titulares somos todos nós que somos unidos por uma circunstância fática que é a condição ambiental única à qual estamos sendo expostos. Vale lembrar que a proteção ao meio ambiente também é um dos princípios da ordem econômica previsto no artigo 170, VI da CF/88.

b. Os princípios aplicáveis

A doutrina especializada[207] lista uma série de princípios que ajudam a interpretar as normas brasileiras sobre meio ambiente, com destaque para os seguintes:

- **Ubiquidade** – o bem "meio ambiente" transcende às fronteiras nacionais e temporais, com dificuldade de mensuração de seus danos e, portanto, devendo ser amplamente reparados
- **Cooperação entre nações** – a proteção ao meio ambiente demanda uma cooperação entre diferentes países para que a mesma seja efetiva em razão da relevância e amplitude dos problemas que possam ocorrer
- **Desenvolvimento sustentável** – o progresso econômico não pode comprometer as gerações atuais e futuras, devendo haver um uso racional dos recursos naturais pelo homem na atividade econômica. A busca, por exemplo, pelas chamadas "tecnologias verdes" reflete essa preocupação intermediária e balanceada
- **Dever e participação de todos** – além do poluidor, todos temos que participar na proteção e na reparação do meio ambiente, bem como nas discussões sobre o tema
- **Informação ampla** – todos devemos ter e exigir informações a respeito de como está o meio ambiente em nosso país e no mundo, justamente para podemos intervir positivamente nesse sentido
- **Educação** – a sociedade deve ser informada e conscientizada sobre o tema e seus riscos

---

[207] Sobre os princípios do Direito Ambiental no Brasil, vide RODRIGUES, Marcelo Abelha. **Direito Ambiental Esquematizado**. 4ª ed. São Paulo: Saraiva Jus, 2017, p. 329 a 432.

- **Poluidor ou usuário-pagador** – ainda que o dever seja de todos, quem polui ou usa o meio ambiente deve arcar com o prejuízo ambiental, internalizando seu custo e indenizando a sociedade, restaurando ao máximo o que dela tirou a seu proveito próprio. A organização cuja atividade impactar o meio ambiente deverá obter licenças ambientais para atuar, obtidas através de processos administrativos com três fases distintas: (a) licença prévia (fase preliminar do planejamento da atividade ou empreendimento, aprovando a sua localização e concepção, atestando a viabilidade ambiental e estabelecendo os requisitos básicos); (b) licença de instalação (autoriza instalar o empreendimento ou atividade de acordo com as especificações constantes dos planos, programas e projetos aprovados); e (c) licença de funcionamento (efetivo funcionamento, após a verificação das medidas de controle ambiental e eventuais condicionantes para operação)
- **Prevenção e precaução** – maioria dos danos ambientais é irreversível, por isso devemos preferir uma postura preventiva sempre
- **Responsabilidade** – a repressão contra lesões ao meio ambiente deve ser a mais ampla possível, com penalidades cível, administrativa e penal, cada qual com suas características, mas todas visando à reparação do meio ambiente e a educação do infrator. Em regra, a responsabilidade civil ambiental é objetiva, ou seja, independe da culpa do infrator, bastando a existência do dano e do nexo de causalidade. Além disso, no Brasil há o crime ambiental da pessoa jurídica[208], uma exceção ao sistema penal em nosso país.

---

[208] Artigo 3º da Lei nº 9.605/98.

Parte 4
A expansão da atividade empresarial

"Business reality is future oriented and has also to deal with the past"[209].

Este quarto capítulo será dedicado ao momento de maior êxtase da atividade empresarial que é o do seu crescimento. A princípio, ele sinaliza que a atividade está próspera e que o empresário, investidor, sócio ou administrador está visualizando oportunidades que dependem de um movimento ou ação que demanda algum esforço próprio, uma determinada parceria ou a captação de recursos de terceiros. A expansão da atividade empresarial possui uma série de alternativas e, consequentemente, preocupações jurídicas que as acompanham.

Neste capítulo vamos discorrer sobre os principais aspectos jurídicos relacionados aos contratos colaborativos (significativas ligações contratuais entre organizações que se associam sem se tornarem sócias), as chamadas

---

[209] "A realidade dos negócios é orientada ao futuro, mas também precisa lidar com o passado" (tradução livre). Esta afirmação extremamente realista e provocativa foi proferida pelo Dr. Wolker Viechtbauer no evento "Arbitration Forum", organizado pelo "Law and Economics Foundation St. Gallen" e ocorrido na Cidade de St. Gallen, Suíça, nos dias 10 e 11/4/2018. No painel intitulado "O que os clientes esperam?" ("What our clients expect?"), o General Counsel da empresa Red Bull GmbH tratou dos grandes dilemas que essa interação entre o mundo jurídico e o mundo empresarial enfrenta nos dias atuais, ainda mais em um momento de expansão: Como manter e aumentar "market share"? Como inovar sempre? Como atrair e motivar talentos? Como produzir com eficiência? Como lidar com erros gerenciais? Como resolver conflitos entre sócios e conflitos envolvendo partes muitas vezes de má-fé? Como se comportar diante de disputas comerciais? Como reagir em situações de concorrência desleal?

"boas práticas de governança" (sob a ótica de seus benefícios de captação de recursos externos), o próprio mercado de capitais como ambiente de expansão da atividade empresarial, a estruturação por meio de grupos econômicos e as chamadas "operações societárias". Encerraremos o capítulo trazendo reflexões sobre os aspectos concorrenciais atrelados ao movimento de expansão da atividade empresarial.

1. Contratos colaborativos

A colaboração entre empresas sempre desafiou o mundo do Direito, pois envolve não só a relação privada entre as partes, mas também todos aqueles que podem ser afetados por tal relacionamento. Esse desafio se tornou maior em razão da globalização, com o aumento dos mercados e da competitividade entre as empresas, logo das oportunidades de negócios e dos modelos contratuais disponíveis. Como aliar flexibilidade, sinergia (melhor de cada parceiro para ganhos em conjunto), mantendo autonomia, independência e personalidade jurídica? Vamos colaborar!

Há, pela literatura especializada, duas grandes maneiras de colaboração empresarial: a cooperação e a integração. Neste item veremos a primeira delas. A colaboração empresarial, como veremos, pode ocorrer de diversas formas e modelos jurídicos, que o mundo contábil inteligentemente chama de "combinação de negócios"[210] por absorver estruturas societárias e não societárias, mas que necessariamente contenham elementos fáticos que levem a algum tipo de controle ou dependência significativa (gerencial ou financeira) entre as empresas envolvidas. Trata-se de uma visão mais de "essência sobre a forma", princípio contábil que irradia efeitos no mundo jurídico, em especial quando se analisam os contratos colaborativos. Contratos com prazos muito extensos, cláusulas de rescisão muito onerosas, dentre outros termos e condições que sugiram exercício de algum poder excessivo de uma parte sobre a outra são sinais que o Direito observa atentamente...

Deve-se, assim, analisar todo o espectro da contratação, suas características, suas circunstâncias, não só seus termos contratuais formais.

---

[210] Em inglês, "business combination", termo polêmico cuja definição é ampla e sempre em refinamento pelo IFRS (International Financial Reporting Standars). Vide "Standard IFRS 3 – Business Combinations" em https://www.iasplus.com/en/standards/ifrs/ifrs3. Acesso em: 05/02/2018.

Os efeitos contratuais e o comportamento das partes são, para o mundo jurídico, tão ou mais importantes do que o que está descrito nos instrumentos contratuais.

a. Principais modalidades

Os contratos colaborativos (cooperativos) ou interempresariais são vistos pelo ordenamento jurídico como verdadeiros "contratos empresariais", ou seja, a princípio não haveria motivos para uma intervenção estatal para proteger uma parte em detrimento da outra, pois ambas exercem a atividade empresarial, em tese, profissionais no mercado em que atuam. Eventual proteção é justificada, por exemplo, para proteger os investimentos aportados, confiança frustrada, eventual enriquecimento sem causa, "serviços úteis" não remunerados, além de eventuais efeitos para terceiros que veremos mais adiante, incluindo riscos trabalhistas e à concorrência.

Outra característica dos contratos colaborativos é que alguns deles possuem tipificação legal, tais como os contratos de agência e distribuição (artigos 710 a 721 do CC/02), corretagem (artigos 722 a 729 do CC/02), concessão comercial (Lei n. 6.729, de 28/11/1979), franquia (Lei n. 8.955, de 15/12/1994), dentre outros. A grande maioria, no entanto, é fruto da criatividade dos advogados e dos empresários, que se valem do disposto no já mencionado artigo 425 do CC/02[211]. A atipicidade domina o universo dos contratos colaborativos[212], normalmente com instrumentos bem extensos (justamente por não terem uma regulamentação em lei). Nesse ponto, vale relembrar o alerta feito anteriormente sobre os riscos da atipicidade, que podem aumentar o grau de insegurança jurídica das partes envolvidas em nosso país, o que não pode ser desprezado na hora da escolha do tipo contratual, ainda mais em uma contratação complexa como a colaborativa. Aqui vale a alternativa de se levar, por exemplo, eventual conflito para se resolver por arbitragem, em razão de seu sigilo, maior rapidez e maior especialidade técnica em comparação com o Poder Judiciário.

---

[211] Art. 425. É lícito às partes estipular contratos atípicos, observadas as normas gerais fixadas neste Código.

[212] São exemplos de contratos atípicos colaborativos (cooperativos): *joint ventures*, aliança e *trusts*.

b. *Principais riscos jurídicos envolvidos*

Podemos dividir os riscos dos contratos colaborativos em 4 (quatro): não intervenção judicial, interpretação por coligação contratual, sucessão/corresponsabilidade e concorrencial. Vamos discorrer sobre cada um desses riscos, que devem ser sopesados por quem quiser expandir a sua atividade por meio dessa modalidade de cooperação interempresarial.

É decisão legítima de cada empresário ou sociedade empresária, até mesmo uma decisão estratégica com um risco calculável, a realização de contratos colaborativos. Afinal, profissional que é e, em tese, conhecedor do seu mercado e apto a calcular seus riscos e exercer em sua plenitude sua autonomia decisória, a colaboração empresarial pode gerar situações de dependência econômica de uma parte para a outra, o que não deve ser confundida com a vulnerabilidade que vimos anteriormente quando tratamos das relações trabalhistas e consumeristas[213]. Lá há um déficit informacional, um desequilíbrio no poder de barganha, uma diferença de fato tamanha que demanda uma intervenção regulatória e judicial para que haja um equilíbrio final no tratamento jurídico. No caso dos contratos colaborativos, pelo contrário.

Tanto há essa presunção de equilíbrio e igualdade entre as partes em um contrato colaborativo que, em regra, não se aplicam alguns institutos jurídicos normalmente presentes em relações civis, consumeristas e até trabalhistas. Em outras palavras, um dos riscos que se tem em um contrato colaborativo é a possibilidade de não se evocar o Poder Judiciário (tutela jurisdicional) com tanta liberdade para situações como lesão e onerosidade excessiva, por exemplo, para rediscutir termos e condições contratuais[214].

---

[213] Vide COELHO, Fábio Ulhoa. **As obrigações empresariais** *in* COELHO Ulhoa (coord.) Tratado de Direito Comercial – Vol. 5. São Paulo: Saraiva (ebook), 2015, p. 42 e seguintes.

[214] Vide WANDERER, Bertrand. **Lesão e onerosidade excessiva nos contratos empresariais** *in* COELHO Ulhoa (coord.) **Tratado de Direito Comercial – Vol. 5**. São Paulo: Saraiva (ebook), 2015, p. 285-336. O instituto da lesão está previsto no artigo 157 do CC/02, segundo o qual "... ocorre a lesão quando uma pessoa, sob premente necessidade, ou por inexperiência, se obriga a prestação manifestamente desproporcional ao valor da prestação oposta". Já o instituto da onerosidade civil encontra-se previsto no artigo 478 do CC/02, segundo o qual, "...nos contratos de execução continuada ou diferida, se a prestação de uma das partes se tornar excessivamente onerosa, com extrema vantagem para a outra, em virtude de acontecimentos extraordinários e imprevisíveis, poderá o devedor pedir a resolução do contrato. Os efeitos da sentença que a decretar retroagirão à data da citação".

Outro risco a ser observado nos contratos colaborativos é de uma interpretação por coligação contratual. Em grande parte dos casos, tais contratos são entabulados em um emaranhado de relações jurídicas que possuem uma função orientadora única, um ajudando o outro para o atingimento dessa finalidade. Vejamos o exemplo do contrato de franquia, que contem normalmente elementos de cessão de direitos de uso de marca, entre outras prestações envolvendo franqueador e franqueado. Como interpretar cada contrato individualmente? Eles devem ser vistos como uma rede contratual, por seu nexo funcional e não isoladamente, sob pena de se perder a sua essência e finalidade originais[215].

Um terceiro risco na modalidade de contratação reside na possibilidade de corresponsabilidade por passivos da outra parte em razão do alto grau de simbiose entre as partes perante terceiros. Você sabe, quando está em uma rede de *fast food*, se ela é uma loja franqueada ou do franqueador? Será que os *stakeholders* sabem, quando se relacionam com uma empresa, quando e se ela está se valendo de um contrato colaborativo para exercer a sua atividade empresarial? E empregados? Estariam eles desprotegidos? O Direito brasileiro possui uma série de proteções para esses casos e citamos dois exemplos desses riscos de corresponsabilidade bastante comuns em nosso país.

Vejamos, por exemplo, o conceito de empregador na CLT, que é bem amplo e que pode ser usado para o caso dos contratos colaborativos e, em uma situação prática, corresponsabilizar ambos os contratantes. De acordo com o artigo 2º, § 2º da CLT, um contrato colaborativo pode levar à caracterização de grupo econômico (não societário) envolvendo as duas empresas contratantes, mesmo guardando cada uma delas a sua autonomia jurídica, situação que poderia gerar responsabilidade solidária pelas obrigações trabalhistas das empresas envolvidas no contrato colaborativo. O parágrafo 3º desse mesmo artigo enfatiza, ainda, que tal caracterização de grupo econômico se dá pela demonstração de interesse integrado, a efetiva comunhão de interesses e a atuação conjunta das empresas dele integrantes, situação que identifica o contrato colaborativo sobre o qual ora discutimos. Outro exemplo está no Direito do Consumidor, no qual o conceito de fornecedor também é bastante amplo, abarcando não só quem

---

[215] Cf. MARTINS, Fran. **Contratos e obrigações comerciais**. 17ª ed. Rio de Janeiro: Gen/ Forense (ebook), 2016, p. 190 a 215.

fornece diretamente (artigo 2º do CDC), mas também toda a cadeia de fornecimento (artigo 7º, § único do CDC).

Por fim, os contratos colaborativos carregam riscos concorrenciais, justamente por imporem, em muitos casos, condições e circunstâncias de dependência econômica muito viscerais de uma parte a outra, não só configurando cláusulas potestativas[216], mas também causando lesões e prejuízos ao mercado como um todo. O poder de mercado, caracterizado por um poder de barganha superior, quando usado de forma abusiva, é coibido pelo ordenamento jurídico, com sanções das mais diversas naturezas[217]. Vale destacar que a Lei n. 12.529, de 30/11/2011, que estrutura do Sistema Brasileiro de Defesa da Concorrência, determina, em seu artigo 90, IV, que deve ser submetido ao crivo do CADE, atos de concentração que envolvam, dentre outras transações, duas ou mais empresas que celebrem "contratos associativos", termo amplo o suficiente para abranger os contratos colaborativos ora em discussão[218]. Nessa discussão, vale lembrar os critérios dispostos na Resolução CADE n. 17, de 18/10/2016, que define, para fins concorrenciais, o conceito de contrato associativo[219].

---

[216] De acordo com o artigo 122 do CC/02, "... são lícitas, em geral, todas as condições não contrárias à lei, à ordem pública ou aos bons costumes; entre as condições defesas se incluem as que privarem de todo efeito o negócio jurídico, ou o sujeitarem ao puro arbítrio de uma das partes". Potestativas são as cláusulas que deixam à outra parte o livre arbítrio o seu exercício ou não e sujeitando a outra aos seus efeitos, normalmente sem uma contraprestação ou compensação de qualquer natureza, traduzindo um grande poder de barganha da parte que tem em seu poder tal cláusula.

[217] De acordo com o artigo 36 da Lei n. 12.529, de 30/11/2017, "Constituem infração da ordem econômica, independentemente de culpa, os atos sob qualquer forma manifestados, que tenham por objeto ou possam produzir os seguintes efeitos, ainda que não sejam alcançados: I – limitar, falsear ou de qualquer forma prejudicar a livre concorrência ou a livre iniciativa; II – dominar mercado relevante de bens ou serviços; III – aumentar arbitrariamente os lucros; e IV – exercer de forma abusiva posição dominante".

[218] Sobre o tema vide SOARES DE CAMARGO, André Antunes; e BAGNOLI, Vicente. **Contratos colaborativos e análise concorrencial**. Valor Econômico, 26/11/2015, disponível em http://www.valor.com.br/legislacao/4330092/contratos-colaborativos-e-analise-concorrencial. Acesso em: 06/02/2018.

[219] A Resolução determina que serão considerados "contratos associativos" quaisquer contratos com duração igual ou superior a 2 (dois) anos que estabeleçam empreendimento comum para exploração de atividade econômica, desde que, cumulativamente: (i) o contrato estabeleça o compartilhamento dos riscos e resultados da atividade econômica que constitua o seu objeto; e (ii) as partes contratantes sejam concorrentes no mercado relevante objeto do contrato. Contratos com duração inferior a 2 anos ou por prazo indeterminado deverão

2. Governança corporativa

A expansão da atividade empresarial também pressupõe algumas mudanças internas, envolvendo não só a sua estrutura formal, mas também a sua cultura organizacional. Como crescer sem um ambiente que propicie tal movimento? Crescer sem governança, sem sustentabilidade, sem mecanismos internos, sem direcionamento e estratégia, não leva a lugar algum. Neste item vamos discorrer sobre um dos temas mais discutidos pelo mundo dos negócios nas últimas décadas e que, por incrível que pareça, passa ainda ao largo do mundo jurídico, mas que com ele guarda uma relação muito próxima. Implementar práticas de governança corporativa sem uma visão jurídica é inútil em uma organização que planeja crescer nos dias atuais.

a. Conceito e principais benefícios

De acordo com Código de Melhores Práticas de Governança Corporativa do IBGC (Instituto Brasileiro de Governança Corporativa), atualmente em sua 5ª edição, governança corporativa "... é o sistema pelo qual as empresas e demais organizações são dirigidas, monitoradas e incentivadas, envolvendo os relacionamentos entre sócios, conselho de administração, diretoria, órgãos de fiscalização e controle e demais partes interessadas. As boas práticas de governança corporativa convertem princípios básicos em recomendações objetivas, alinhando interesses com a finalidade de preservar e otimizar o valor econômico de longo prazo da organização, facilitando seu acesso a recursos e contribuindo para a qualidade da gestão da organização, sua longevidade e o bem comum"[220].

---

ser notificados apenas se o período de 2 anos, a contar da sua assinatura, for eventualmente atingido. Estariam fora dessa definição, portanto, os contratos colaborativos verticais. Tal definição prioriza os contratos que, de fato, possam impactar o mercado de forma mais estrutural e duradoura.

[220] Cf. http://www.ibgc.org.br/userfiles/2014/files/codigoMP_5edicao_web.pdf, p. 19. Acesso em: 06/02/2018. Em âmbito internacional, o grupo de países intitulado "G-20" da OCDE, formado por países desenvolvidos e emergentes dentre os quais o Brasil, editou em 1999 (com última revisão em 2015) o documento "G20 OECD Principles of Corporate Governance". Subdividido em 6 (seis) capítulos, o foco desse documento é em transparência, responsabilidade corporativa, empoderamento do conselho de administração e respeito aos direitos dos acionistas e ao papel dos *stakeholders*. Vide http://www.oecd.org/daf/ca/Corporate-Governance-Principles-ENG.pdf, acesso em: 11/03/2018.

A governança corporativa nada mais é do que um processo contínuo de desenvolvimento e aperfeiçoamento de uma organização, que a permite ter perenidade. Por meio de transparência, confiança e credibilidade, a organização passa a ter uma visão de longo prazo, provendo segurança a todos os seus *stakeholders*, o que a leva a atrair mais investimentos de todas as ordens. Tal valor agregado reduz o seu custo de capital e a sua percepção de risco tanto interna quanto externamente. Essa é a ideia por trás das chamadas "boas práticas" de governança corporativa, um processo dinâmico que demanda uma mudança cultural de todos os envolvidos, uma estratégia bem delineada que tende a refletir na imagem e na reputação da organização[221].

Busca-se com as boas práticas de governança corporativa resolver três grandes problemas que todas as organizações possuem em menor ou maior grau em seus processos decisórios. Em todos eles, há situações que envolvem conflitos de interesse, que demandam, por exemplo, a elaboração de códigos de condutas, políticas internas e treinamentos de funcionários para o alinhamento de todos no ambiente empresarial. Imaginem se cada um decidisse conforme seus próprios interesses pessoais! Há também as limitações individuais que indicam quão falíveis nós somos, principalmente sob o ponto de vista cognitivo. Logo, devem ser priorizadas as decisões colegiadas, diminuindo o espaço para erros e fraudes, maximizando os resultados mais eficientes. Por fim, todos decidimos com vieses, pois reagimos, percebemos, aprendemos e, logo, tomamos decisões diferentemente e com características muito próprias. Imaginem uma organização sem qualquer controle ou orientação sobre o processo decisório, como seria?

Dentre os benefícios das chamadas "boas práticas" de governança corporativa estão o menor custo de capital e a maior facilidade para a captação de recursos. Afinal, com um ambiente mais confiável e previsível, quem empresta e confia na organização demandará dela menos em troca. Sob o ponto de vista de benefícios internos, tais práticas levam a um aprimoramento das decisões, uma maior separação de papeis, logo melhores mecanismos de avaliação e recompensa, diminuição na ocorrência de fraudes,

---

[221] Para uma discussão profunda e multidisciplinar sobre o tema, com uma série de artigos, indicamos: Fontes Filho, Joaquim Rubens; e Leal, Ricardo Pereira Câmara (org.). **O futuro da governança corporativa – desafios e novas fronteiras**. São Paulo: St. Paul (ebook), 2013.

maior institucionalização e mais transparência nos relacionamentos internos com o aprimoramento da comunicação.

b. Custos e resistências

Enganam-se aqueles que acham que a implementação de "boas práticas" de governança em uma organização não depende de um considerável investimento. Em primeiro lugar, não se pode considerar "custo" o quanto vai ser despendido nesse processo. Se o movimento é pensado estrategicamente, você irá investir em um resultado de crescimento, em uma expansão com uma série de benefícios de longo prazo. Mas você não pode desprezar, por exemplo, os gastos que terá, a partir da implementação dessas práticas, com, por exemplo, relatórios e mais relatórios (afinal, sua organização terá que ser transparente e prestar contas), contar com áreas específicas (companhias abertas, por exemplo, precisam ter uma área de relação com investidores), dependendo do nível de listagem da sua companhia aberta, ela deverá contar com conselheiros independentes (que deverão ser devidamente remunerados pelo valor de mercado); a organização deverá contar com assessorias específicas e com alta reputação e expertise suficiente para os novos desafios propostos; a organização deverá saber que suas informações agora estarão disponíveis ao mercado, logo a todos os seus concorrentes, mas a recíproca não necessariamente; além das prováveis resistências internas que o processo enfrentará, pois todas as mudanças (e estas demandarão várias, algumas radicais) nos tiram da chamada "zona de conforto", mudando culturas, hábitos, processos já consolidados no tempo, além da própria perda do controle de quem, agora, passa ser vigiado, ter suas decisões compartilhadas.

Vale destacar os custos regulatórios para a implementação dos mecanismos de governança corporativa, ora previstos em lei, ora previstos em normativos da CVM ou outros reguladores ou autorreguladores. Esse "mínimo legal" precisa ser observado, sob pena de *non compliance* com as regras vigentes, o que veremos nos próximos itens, o que muitos confundem como mero *box ticking*, ou seja, uma vez cumpridas as regras legais, regulatórias e autorregulatórias, pode-se afirmar que aquela organização tem "boas práticas" de governança corporativa. Temos diversos exemplos de empresas listadas nos níveis mais altos de governança da B3 com diversos escândalos, desmentindo essa visão meramente formal da governança em nosso país.

c. Principais princípios

Alexandre Di Miceli enumera os seguintes 10 (dez) princípios universais de governança corporativa: (a) transparência e integridade das informações prestadas; (b) prestação de contas voluntária e responsabilização pelas decisões tomadas; (c) avaliação de desempenho, remuneração justa e meritocracia; (d) contrapesos independentes no processo decisório; (e) sustentabilidade e visão de longo prazo na condução do negócio; (f) respeito às formalidades, controles e supervisão independentes; (g) tom e comportamento ético das lideranças; (h) cooperação entre colaboradores e promoção do interesse coletivo da organização; (i) equidade e promoção da participação efetiva de todos os acionistas; e (j) diversidade interna, tratamento justo dos *stakeholders* e ausência de políticas e práticas discriminatórias. Para o autor, cada organização deve internalizar esses princípios, convertendo-os em práticas e mecanismos reais e não meramente formais[222].

d. Níveis de Governança Corporativa

Quando se analisa uma organização, qualquer que seja o seu tipo societário ou finalidade, deve-se verificar qual o nível de governança corporativa a que ela se sujeita. Tal análise é formal (revisão dos documentos societários e verificação da sua estrutura organizacional), mas também é material (coerência entre seus valores, missão e atitudes, além das reais percepções de seus *stakeholders*). Será que uma empresa que diz que seu lema é tratar bem seus consumidores deve ter várias reclamações no "Reclame Aqui", por exemplo? Qualquer organização pode ter governança corporativa, não só as companhias abertas, mas essa verificação mais completa é fundamental sob os pontos de vista formal e material. Governança pressupõe essa dupla checagem.

As companhias abertas possuem, em sua regulação, os princípios de governança corporativa enraizados em diversos normativos. Afinal, como uma empresa que precisa ir ao mercado vai inspirar confiança de seus investidores sem boas práticas de governança e uma regulação condizente que proteja o mercado como um todo? Vamos discutir o mercado de capitais no próximo item, mas é fundamental essa correlação entre governança e

---

[222] Cf. MICELI DA SILVEIRA, Alexande Di. **Governança Corporativa – o essencial para líderes**. São Paulo: Elsevier (ebook), 2014, p. 19-26.

A EXPANSÃO DA ATIVIDADE EMPRESARIAL

companhias abertas. Um não vive sem o outro. Sem confiança, o mercado não funciona em nenhuma parte do mundo. Quem aporta recursos, precisa ter um ambiente confiável, com gestores honestos, instituições que funcionem e que responsabilizem os administradores e os controles se eventualmente tiver algum tipo de ato desonesto com a utilização dos recursos de terceiros. Quanto mais confiável for o ambiente, mais recursos ele atrairá para as companhias que lá operarem. Um mercado de capitais forte depende da combinação dos seguintes fatores: (a) investidores que recebam informações de boa qualidade sobre o valor dos negócios das companhias listadas; (b) investidores que confiem nos administradores dessas companhias e nos respectivos acionistas controladores, não temendo que estes possam vir a causar prejuízos a seus investimentos; (c) instituições com boas reputações à cultura da honestidade refletida em boas políticas públicas; (d) boas, úteis e efetivas regras de mercado de capitais que visem proteger os investidores em geral; (e) regras contábeis claras e eficazes; e (f) participantes de mercado preocupados com sua reputação, contando com uma formação educacional adequada.[223]

Desde o ano 2000, justamente para atrair esses investidores que buscavam um ambiente de mais segurança e transparência, a atual B3 (Bolsa de Valores brasileira) vem mantendo diferentes níveis de listagem de companhias abertas, diferenciando-os conforme as regras de governança corporativa mínimas exigidas. Tais exigências, para as companhias que se voluntariarem, estão além daquelas previstas na LSA e buscam materializar diversos dos princípios que mencionamos anteriormente. As companhias que desejam aderir aos regulamentos de cada segmento de listagem da B3 devem promover uma série de ajustes em seu estatuto social e em sua organização interna, de forma a cumprir as exigências do nível de listagem correspondente.

Atualmente, a B3 conta com 6 (seis) níveis de listagem, quais sejam: Bovespa Mais e Bovespa Mais 2 (ambas para fomentar pequenas e médias empresas), Novo Mercado (principal segmento com o nível mais alto de governança exigido), Nível 1 (aumento no nível de transparência e informações a investidores), Nível 2 (pode manter ações preferenciais, similar ao Novo Mercado) e o Básico. Os critérios de diferenciação entre os seg-

---

[223] Cf. BLACK, Bernard S. **The Legal and Institutional Preconditions for Strong Securities Markets.** EUA: UCLA Law Review, v. 48, 2001, pp. 781-855.

mentos são os seguintes: capital social (se permite ou não ações preferenciais com ou não direitos adicionais ou conforme legislação); percentual mínimo de ações em circulação (*free float*); se há obrigatoriedade de oferta pública de distribuição de ações; se há vedação a disposições estatutárias; como deve ser a composição do conselho de administração; se o diretor presidente pode acumular o cargo de presidente do conselho de administração; como devem ser elaboradas as demonstrações financeiras, quais informações devem ser traduzidas para o inglês; obrigatoriedade de realização de reunião pública anual com investidores; divulgação de calendário de eventos corporativos; divulgação adicional de informações (ex. política de negociação de valores mobiliários); necessidade de concessão de *tag along* (direito de venda conjunta aos não detentores do controle); hipóteses de saída do segmento via oferta pública de ações (OPA); obrigatoriedade de adesão à Câmara de Arbitragem do Mercado; necessidade de instalação de Comitê de Auditoria; necessidade de existência de auditoria interna; obrigatoriedade de implementação de funções de *compliance*, controles internos e riscos corporativos[224].

3. Mercado de capitais

Um país com um forte mercado de capitais tende a ser mais desenvolvido, com uma economia forte, com empresas que geram mais empregos, com um ambiente confiável para investimentos internos e estrangeiros[225]. Se as instituições desse mercado forem respeitáveis e funcionarem devidamente, essa sensação de segurança trará uma série de benefícios, tais como comentados nos itens anteriores. O mercado de capitais é o local mais propício

---

[224] Para uma visão comparativa dos segmentos de listagem da B3 vide http://www.bmfbovespa. com.br/pt_br/listagem/acoes/segmentos-de-listagem/sobre-segmentos-de-listagem/. Acesso em: 07/02/2018.

[225] Cf. KANDIR, Antonio. **A reforma da Lei das S.A. e o desenvolvimento** *in* Revista de Direito Bancário e do Mercado de Capitais, vol. 12, 2001, p. 13-19, abr.-jun.2001. Dentre os benefícios que um bom mercado de capitais traz para um país, o autor enumera os seguintes: (a) ampliação das fontes de financiamento empresarial, criando uma alternativa ao tradicional financiamento bancário; (b) a criação de empregos direta e indiretamente pelo fomento de empresas de maior porte; (c) ajuda a aumentar a competitividade da economia nacional, ao possibilitar ganhos de produtividade às empresas locais; (d) diminui os riscos do investidor (em razão da maior liquidez no mercado); (e) facilita a ocorrência de combinações de negócios (fusões, associações e parcerias) entre empresas; e (f) fortalece as atividades de *venture capital* (empresas especializadas em investir em inovações tecnológicas com potencial de forte crescimento, para torna-las grandes negócios).

para que esse crescimento empresarial se dê forma sustentável, até porque a sua regulação tentará equilibrar incentivos às empresas listarem seus valores mobiliários de forma pública e proteger os investidores e o mercado como um todo que irão confiar seus recursos financeiros ao adquirir tais títulos. A regulação do mercado de capitais é importantíssima para equilibrar esses incentivos, restrições e punições àquelas organizações e agentes que queiram participar do mercado de capitais em qualquer país, ainda mais no Brasil com as características que estamos vendo até o momento.

a. Principais princípios norteadores

A regulação sobre o mercado de capitais leva em consideração uma série de princípios, sendo os principais os seguintes: (a) bom funcionamento do mercado, que é um interesse público; (b) confiança (quem atua neste mercado deve ter as informações necessárias para correr somente os riscos do negócio devidamente informados); (c) eficiência (mercado deve funcionar com os menores custos operacionais possíveis); (d) competitividade (empresas que estiverem no mercado devem competir de forma justa); (e) mercado livre (a regulação deve ser a exceção, não a regra); e (f) autorregulação (preferível à regulação, para dar eficiência à atividade regulatória)[226].

b. Valores Mobiliários

Conforme visto anteriormente, a lei que dispõe sobre o mercado de valores mobiliários e cria a CVM) no Brasil é a Lei n. 6.385, de 07/12/1976. Trata-se de uma lei bastante abrangente, que regula: (a) a emissão e distribuição e valores mobiliários no mercado de capitais brasileiro; (b) sua negociação e intermediação; (c) a negociação e intermediação no mercado de derivativos; (d) a organização, o funcionamento e a operação da B3; (e) a administração de carteiras e a custódia de valores mobiliários; (f) a auditoria das companhias abertas; e (g) os serviços de consultor e analista de valores mobiliários.

---

[226] Um bom guia introdutório sobre o mercado de capitais brasileiro, preparado pela CVM, é o "TOP – Mercado de Valores Mobiliários Brasileiro", disponível em: http://www.investidor. gov.br/portaldoinvestidor/export/sites/portaldoinvestidor/publicacao/Livro/LivroTOP-CVM. pdf, acesso em 08/02/2018. Sobre a regulação do mercado de capitais, vide publicação da CVM intitulada "TOP – Direito do Mercado de Valores Mobiliários", disponível em: http:// www.investidor.gov.br/portaldoinvestidor/export/sites/portaldoinvestidor/publicacao/Livro/ Livro_top_Direito.pdf, acesso em: 09/02/2018.

No artigo 2º dessa lei, são listadas as espécies de valores mobiliários sujeitas à regulamentação da CVM, quais sejam: (a) as ações, debêntures e bônus de subscrição; (b) os cupons, direitos, recibos de subscrição e aos respectivos certificados de desdobramento; (c) os certificados de depósito de valores mobiliários; (d) as cédulas de debêntures; (e) as cotas de fundos de investimento em valores mobiliários ou de clubes de investimento em quaisquer ativos; (f) as notas comerciais; (g) os contratos futuros, de opções e outros derivativos, cujos ativos subjacentes sejam valores mobiliários; (h) outros contratos derivativos, independentemente dos ativos subjacentes; e (i) quando ofertados publicamente, quaisquer outros títulos ou contratos de investimento coletivo, que gerem direito de participação, de parceria ou de remuneração, inclusive resultante de prestação de serviços, cujos rendimentos advêm do esforço do empreendedor ou de terceiros.

Vale destacar que conceito de valor mobiliário é bastante amplo, não devendo ser considerado somente o rol de opções mencionado acima, na linha da experiência da regulação estadunidense sobre o tema. Para se identificar um valor mobiliário deve-se analisar a realidade econômica da transação, que dá a substância que gera o valor mobiliário, prevalecendo sobre a forma jurídica que ele vier a tomar, sendo o rol desse artigo 2º da lei meramente exemplificativo, portanto. Ou seja, preenchidos os seguintes "clássicos" requisitos materiais, um contrato de investimento ou título poderia ser considerado valor mobiliário e, portanto, ser sujeito à regulação da CVM ainda que não previsto expressamente em nenhuma lei ou normativo: (a) investimento de recursos financeiros; (b) há uma atividade empresarial em comum; (c) há a expectativa de lucros; (d) somente há esforços/trabalho do empreendedor ou de terceiros e não do investidor. No Brasil não faltam exemplos de empresas que criaram contratos de investimentos coletivos à margem da regulamentação formal da CVM, mas que, pela definição mais substancial, foram considerados valores mobiliários por uma análise mais material sobre seus elementos essenciais[227].

c. *Abertura e fechamento de capital*

O mercado de capitais, como comentado anteriormente, é uma excelente fonte de financiamento para as empresas que buscam um crescimento com um grande volume de recursos financeiros e atraindo um sem número de

---

[227] Cf. DIAS DA SILVA, Paulo Ferreira. **A evolução da CVM e do conceito de valor mobiliário**. Revista de Direito Bancário e do Mercado de Capitais, vol. 67, p. 67-109, jan.-mar.2015.

investidores das mais variadas características. Trata-se, como visto, de um mercado altamente regulado, em razão dos diversos interesses em jogo, razão pela qual as empresas que buscam acessá-lo devem percorrer um processo criterioso chamado de "abertura de capital", obtendo ao final um registro específico[228] junto a CVM de "companhia aberta" para, em querendo, poder fazer uma simultânea ou posterior oferta pública de seus valores mobiliários das mais variadas modalidades, como vimos anteriormente. A principal regra sobre ofertas públicas de distribuição de valores mobiliários em nosso país é a Instrução Normativa CVM n. 400, de 29/09/2003, alterada diversas vezes.

Para que haja um bom processo de abertura de capital, é recomendável que se tenha uma equipe multidisciplinar de assessores, formada por um ou mais bancos de investimento; advogados, contadores e auditores especializados, além de profissionais acostumados a trabalhar com a realidade de companhias abertas. A mudança cultural com a incorporação de práticas de governança corporativa é inevitável, além da criação de órgãos específicos, tais como conselho de administração e área de relações com investidores[229]. Uma empresa que antes vivia para seus sócios passa agora a ser regulada pela CVM e dar informações e prestar contas ao mercado como um todo. Seus riscos serão levantados para que os investidores precifiquem os valores mobiliários que serão comercializados na bolsa, tendo que elaborar um prospecto em que detalhe a real situação da companhia e uma série de informações obrigatórias exigidas pela referida Instrução CVM[230].

Além do pedido de registro de companhia aberta e de distribuição pública de valores mobiliários, a companhia deve formular solicitação para listar tais valores mobiliários junto à B3 para que os mesmos sejam lá comercializados. Caso queira aderir a algum nível de listagem especial da B3, a companhia deverá aderir ao respectivo regulamento de listagem, fazendo todas as adaptações estatutárias e organizacionais necessárias para cumprir os requisitos mínimos de governança que aquele nível de listagem exige.

---

[228] Há algumas situações específicas em que o registro de companhia aberta pode ser dispensado, tais como as listadas no artigo 7º da Instrução CVM n. 480/2009.

[229] Cf. TEIXEIRA, João Victor Olmos Aleixo; e PRIETO DE AZEVEDO, Charles. **O mercado de capitais como incentivador das práticas de governança corporativa e compliance nas empresas brasileiras**. Revista de Direito Bancário e do Mercado de Capitais, Vol. 76, p. 73-96, abr.-jun. 2017.

[230] Sobre o processo de abertura de capital e suas vantagens, vide http://www.bmfbovespa.com. br/pt_br/listagem/acoes/abertura-de-capital/como-abrir-o-capital/, acesso em 09/02/2018.

Já o processo de fechamento de capital também pode ser visto como um movimento estratégico para uma futura expansão da atividade empresarial. Trata-se de uma decisão de custo-benefício da companhia aberta que, em um determinado momento de sua história, entende que seus custos administrativos são muito altos para manter-se "aberta" (ex. estrutura específica demandada pelo regulador e por lei e demais despesas com taxas, assessores e publicações), sua performance no mercado não está satisfatória, as condições de mercado estão adversas, o índice de negociação está aquém do desejado, entre outros motivos de natureza operacional ou financeira. Em outras palavras, os benefícios em ser uma companhia aberta não compensam mais seus custos e investimentos específicos para tal condição.

O processo de fechamento de capital é previsto no artigo 4º, § 4º da LSA, que só poderá ocorrer mediante pedido de cancelamento de registro de companhia aberta feito pelo acionista controlador ou a sociedade que a controle, direta ou indiretamente, que deverá formular uma oferta pública (OPA de fechamento de capital) para adquirir a totalidade das ações em circulação no mercado, por preço justo, ao menos igual ao valor de avaliação da companhia, apurado com base nos critérios, adotados de forma isolada ou combinada, de patrimônio líquido contábil, de patrimônio líquido avaliado a preço de mercado, de fluxo de caixa descontado, de comparação por múltiplos, de cotação das ações no mercado de valores mobiliários, ou com base em outro critério aceito pela CVM, assegurada a revisão do valor da oferta, em conformidade com o disposto no art. 4º-A da LSA (titulares de, no mínimo 10% das ações em circulação no mercado poderão requerer aos administradores da companhia que convoquem assembleia especial dos acionistas titulares de ações em circulação no mercado, para deliberar sobre a realização de nova avaliação pelo mesmo ou por outro critério, para efeito de determinação do valor de avaliação da companhia). A regra que regulamenta o procedimento de oferta pública para cancelamento de registro de companhia aberta é a Instrução Normativa CVM n. 361, de 29/12/2003, conforme alterada. Notem que a regra visa, em especial, proteger os direitos dos acionistas minoritários/investidores, que não puderam fazer o mesmo cálculo de custo-benefício mencionado acima e que podem, de repente, ser prejudicados com uma decisão do acionista controlador pelo fechamento de capital eventualmente de forma abrupta e lesiva aos interesses dos minoritários.

4. Estruturação grupal

Um dos modelos de estruturação empresarial mais comuns é o do agrupamento, caracterizado pelo entrelaçamento societário de mais de uma pessoa jurídica que mantêm a sua autonomia jurídica e patrimonial, mas que passam a ter, em conjunto, uma unidade de gestão e uma finalidade estratégica comum. Tal modelo, sob o comando de uma sociedade denominada *holding*, é bastante frequente na maioria dos países do mundo, em especial em mercados emergentes, realidade não diferente em nosso país. Tal modelo resulta de um processo de concentração empresarial que começou no final do século XIX e começo do século XX, hoje muito ampliado pelos efeitos da globalização[231]. Vejamos as principais vantagens e desvantagens dessa estratégia de expansão empresarial.

a. *Vantagens ou oportunidades*

Normalmente, o agrupamento traz como vantagens a redução de instabilidades normalmente vividas pelas empresas individualmente consideradas, afinal, em grupo, elas poderiam, em tese, trabalhar "umas pelas outras", como se fossem um "portfólio de investimentos" sob uma direção comum. Além disso, tal estrutura fomenta o desenvolvimento tecnológico por diversificar riscos, ajuda a centralizar o poder, traz economias de escala e escopo (custo marginal decresce com o aumento da produção e da linha de negócios), levando a uma maior eficiência interna (ex. com transações entre partes relacionadas) e competitividade. Ganha-se poder de barganha no mercado, além de clara influência sobre as políticas públicas de um determinado país[232].

Todo grupo econômico, como visto, tem uma ou mais sociedades *holding* em sua estrutura, o que lhe permite ter estabilidade de direção e orientação de negócios. Esse exercício da atividade econômica de forma indireta é o que caracteriza os grupos e lhe confere as referidas vantagens[233].

---

[231] Sobre a história dos grupos e sua regulação, vide LOBO, Jorge. **Direito dos grupos de sociedades**. Revista dos Tribunais, Vol. 763, p. 22-46, maio 1999.

[232] Para uma análise sobre origens, desenvolvimento histórico, conceito, principais espécies, classificações doutrinárias, vantagens e desvantagens da estruturação grupal vide SOARES DE CAMARGO, André. **Transações entre partes relacionadas: um desafio regulatório complexo e multidisciplinar**. 3ª ed. São Paulo: Ed. Almedina, 2016, p. 55-66.

[233] Cf. CARVALHOSA, Modesto. **Sociedade holding – bens excluídos do giro dos seus negócios**. Doutrinas Essenciais de Direito Empresarial, Vol. 3, p. 251-254, dez. 2010.

É praticamente certa a sua utilização para planejamentos tributários[234] e para empresas familiares em crescimento, que buscam profissionalizar a sua gestão e projetar a sucessão de seus membros[235], criando mecanismos para lidar com os inevitáveis conflitos familiares e evitar o seu contágio no dia a dia da atividade da empresa[236].

b. Desvantagens ou riscos

O agrupamento empresarial, no entanto, traz uma série de desvantagens ou riscos, em especial por que, na prática, ele acaba virando uma verdadeira "caixa preta" para o regulador, para credores e para os sócios desprovidos do poder de controle sobre as sociedades afetadas pelas decisões centralizadas pela sociedade *holding*. Como limitar, na prática, a liberdade de organização empresarial, mantendo os incentivos mencionados item anterior?

Podemos listar as desvantagens ou riscos (dependendo da perspectiva de análise) da seguinte maneira:

a) risco informacional e de lesão a terceiros – como sócios minoritários, credores e reguladores saberão o que se passa dentro daquele grupo empresarial? Daí porque existem inúmeras regras contábeis para que hajam demonstrações financeiras consolidadas, individuais, obrigatoriedade de auditorias, dentre outras que visem mais transparência;

b) risco concorrencial – que trataremos mais adiante, refere-se ao exercício abusivo do poder de mercado quando esse agrupamento leva a situações de concentração, manipulação e dominação de mercados, riscos para concorrência e consumidores, além de práticas anticompetitivas;

c) risco "efeito dominó" – os grupos são tão entrelaçados internamente contratual e societariamente falando que, se uma sociedade vier a ter

---

[234] Vide algumas das principais vantagens tributárias na utilização de sociedades *holding* em Teixeira, João Alberto Borges. **Holding Familiar. Tipo societário e seu regime de tributação**. Revista Tributária e de Finanças Públicas, vol. 85, p. 234-247, mar.-abr. 2009.

[235] Cf. Santos, Ana Bárbara Moraes; e Viegas, Cláudia Mara de Almeida Rabelo. **Planejamento sucessório e societário: a holding familiar e a governança corporativa**. Revista dos Tribunais, vol. 988, p. 285-318, fev. 2018.

[236] Cf. Lima de Carvalho, Tomás; e Paz, Leandro Alves. **A utilização estratégica do planejamento jurídico na organização e gestão do patrimônio familiar**. Revista de Direito Empresarial, vol. 11, p. 95-125, set.-out. 2015.

problemas de insolvência, o mesmo poderá irradiar efeitos para as demais, tais como a corresponsabilidade por dívidas de uma sociedade pela da outra, causando um efeito cascata e coletivo, mas não necessariamente coberto pelos mesmo remédios legais de recuperação[237]; e

d) efeito crédito – especial em países emergentes como o Brasil, os grupos empresariais têm por características fundamentais controle concentrado, estrutura societária complexa e famílias no poder, o que sob o ponto de vista de boas práticas de governança corporativa pode levar a análises de crédito prejudiciais, em razão dessa falta de confiança e visibilidade do credor financeiro externo[238].

5. Operações societárias

Partindo agora para as modalidades de integração empresarial propriamente ditas, as operações societárias são espécies de negócio jurídico, por meio das quais, por uma deliberação societária, uma sociedade transfere ou recebe uma série de direitos e obrigações (patrimônio líquido), sem prejuízo da continuidade da atividade empresarial, sendo o principal efeito dessa operação a sucessão desses direitos e obrigações para a entidade resultante/sucessora. Em outras palavras, trata-se de um negócio jurídico extremamente interessante na dinâmica empresarial por ser, em tese, ágil e permitir mudanças no rumo de uma determinada empresa quando quer mudar sua estrutura organizacional, fundindo-se, incorporando-se ou sendo incorporada ou se cindindo[239].

---

[237] Vide TAMBURUS, Michelli Denardi. **Alcance do plano de recuperação judicial de empresas que integram grupo econômico empresarial**. Revista de Direito Recuperacional e Empresa, vol. 5, 2017, jul. -set. 2017.

[238] Para uma análise sobre a característica das estruturas societárias dos grupos empresariais do mundo que possuem empresas listadas em bolsa, vide o estudo OECD Corporate Governance FactBook 2017 (item 1 – The corporate landscape / 1.1. The ownership structure of listed companies). Vide http://www.oecd.org/daf/ca/Corporate-Governance-Factbook. pdf, acesso em: 11/03/2018.

[239] Não trataremos, neste item, de uma importante modalidade de operação societária denominada "transformação societária". Prevista nos artigos 1113 a 1115 do CC/02 e nos artigos 220 a 222 da LSA, a transformação é a operação societária por meio da qual uma sociedade muda seu tipo, sem passar pelos processos de dissolução e liquidação, como no caso de uma sociedade limitada passar a ser uma sociedade anônima e vice-versa. Neste caso, não há versão de patrimônio, simplesmente uma mudança de tipo societário, mantendo, inclusive, o mesmo

Em razão desse efeito jurídico automático das operações societárias (sucessão), há uma série de regras/recomendações práticas comuns que se aplicam às fusões, incorporações e cisões[240], quais sejam:

a) observância do quórum deliberativo mínimo (dependendo do tipo societário)[241];

b) observância de eventual direito de retirada do sócio dissidente/discordante[242];

c) preparação de documentação suporte para a operação, contemplando Protocolo (condições da operação) e Justificação (motivadores da operação) e seus documentos suportes;

d) atenção sobre como será formado o novo capital social após a operação societária, o que demandará a realização de laudos de avaliação por peritos especializados;

e) sucessão universal, ou seja, em regra a entidade que resultar da operação societária passará a arcar com os direitos e obrigações de todas as sociedades que forem extintas pelos patrimônios líquidos que forem incorporados durante a operação, não prejudicando os credores anteriores[243];

d) documentos da operação precisam ser todos averbados na Junta Comercial (sociedades empresárias) ou no Cartório de Registro de Pessoas Jurídicas (sociedades não empresárias), publicados os atos

número de identificação junto ao CNPJ, só devendo haver uma atualização cadastral junto aos respectivos órgãos públicos.

[240] As regras sobre as operações societárias encontram-se previstas nos artigos 223 a 234, 252 e 264 da LSA e 1116 a 1122 do CC/02, além dos diversos normativos da CVM aplicáveis às companhias abertas e regras específicas conforme níveis de listagem da B3.

[241] No caso das sociedades limitadas, o quórum é de ¾ do capital social, conforme disposto no artigo 1076, I c/c 1071, VI do CC/02. Já nas sociedades anônimas, segundo o artigo 136, IV e IX, o quórum é de, no mínimo, metade das ações com direito a voto, se não houver quórum estatutário superior.

[242] As hipóteses de direito de retirada estão previstas no artigo 137 da LSA, sendo um direito essencial do acionista na sociedade por ações (artigo 109, V da LSA).

[243] A regra no caso da cisão é um pouco diferente por comportar uma exceção, conforme dispõe o artigo 233, parágrafo único da LSA, segundo o qual "o ato de cisão parcial poderá estipular que as sociedades que absorverem parcelas do patrimônio da companhia cindida serão responsáveis apenas pelas obrigações que lhes forem transferidas, sem solidariedade entre si ou com a companhia cindida, mas, nesse caso, qualquer credor anterior poderá se opor à estipulação, em relação ao seu crédito, desde que notifique a sociedade no prazo de 90 (noventa) dias a contar da data da publicação dos atos da cisão".

no Diário Oficial e em jornais de grande circulação e demais atualizações cadastrais feitas junto aos respectivos órgãos públicos para que a operação tenha efeitos para terceiros[244]; e

e) cuidados específicos com o processo negocial, incluindo o procedimento de *due diligence* (levantamento de passivos – afinal, haverá a sucessão universal como regra), a elaboração de documentação suporte (ex.: carta de intenção, memorando de entendimentos e documentos definitivos) e a definição de cláusulas fundamentais na estruturação final, incluindo as declarações e garantias, o preço e os mecanismos para seu ajuste e proteção, as condições precedentes, as garantias do negócio e as formas de solução de controvérsias[245].

Por fim, vale um esclarecimento muito importante sobre uma confusão terminológica muito comum utilizada no mercado, ainda mais pela mídia não especializada. O termo "fusão" é plurívoco, podendo ser utilizado na acepção técnica da definição legal prevista nos artigos 228 da LSA e 1119 do CC/02, ou seja, operação pela qual duas ou mais sociedades se unem para formar uma nova, com a extinção das fusionadas, que as sucederá em todos os seus direitos e obrigações. É o que se chama de "fusão clássica" ou "fusão direta".

Apesar de muito comum no exterior e simples sob o ponto de vista teórico, ela não é recomendável em vários países do mundo, em especial no Brasil por uma série de desvantagens e dificuldades técnicas que tal operação societária traz consigo. Aliás, sugere-se sempre que se pense, ao invés de uma fusão direta no Brasil, em uma incorporação, a criação de uma sociedade *holding* ou qualquer outra operação com um resultado prático equivalente. São 5 (cinco) os motivos clássicos pelos quais não se recomenda a fusão clássica em nosso país:

a) burocrático: a burocracia e o tempo que seriam necessários para se obter a extinção de duas ou mais sociedades e a criação de outra, além das atualizações cadastrais junto aos respectivos órgãos públicos é imensa, contrária a toda a dinâmica do mundo empresarial moderno (processo pode levar meses, até anos dependendo do caso);

---

[244] Artigo 234 da LSA.
[245] Um excelente manual para todas essas fases do processo negocial e para a estruturação dessa documentação suporte, vide BOTREL, Sérgio. **Fusões e Aquisições**. 4ª ed. São Paulo: Saraiva (ebook), 2016.

b) tributário: na operação a empresa fundida deverá perder uma série (se não todos) os eventuais ganhos, benefícios, aproveitamentos, incentivos, créditos, imunidades ou isenções fiscais que beneficiavam as empresas fusionadas, até porque um ou mais CNPJs das empresas fusionadas serão extintos com a operação;

c) operacional: durante o processo de fusão, há um enorme risco operacional durante todo o seu trâmite, podendo impactar na condução da atividade em si (ex. emissão de notas fiscais, importação e exportação de produtos e obtenção de licenças e autorizações);

d) irreversibilidade: diferentemente da criação de uma *sociedade holding*, por exemplo, a fusão é uma operação que tende à irreversibilidade, pois haverá a versão do patrimônio líquido para a formação de um novo capital social, com a sucessão de direitos e obrigações para a sociedade fusionada, criando dificuldades para uma reversão futura sem eventuais problemas entre os sócios na segregação de riscos e responsabilidades; e

e) intangíveis: uma vez que haverá a extinção de duas ou mais sociedades e a criação de uma nova, haverá um grande desafio para a nova empresa divulgar sua nova marca, imagem, intangíveis para seus *stakeholders*, afinal será o produto de outras empresas extintas vertidas em uma nova com uma nova identidade com os mesmos ou novos atributos, com uma nova história a contar.

6. Aspectos concorrenciais

Conforme visto no Capítulo 1, a liberdade para empreender não é absoluta em nosso país, tendo uma série de limitações constitucionais, dentre elas a proteção à livre concorrência e aos consumidores. Todos os que buscam exercer uma atividade econômica devem respeitar as "regras do jogo", cuja observância será automaticamente benéfica para eles próprios para um mercado mais seguro e confiável. O Direito brasileiro protege, por um lado, a livre iniciativa (empreendedorismo) e os direitos de propriedade (materiais e imateriais) de quem exerce a atividade econômica, justamente para garantir com que se possa extrair o benefício econômico que se espera desses recursos[246]. No entanto, eventuais comportamentos

---

[246] Cf. BASTOS, Celso Ribeiro. **O princípio da livre concorrência na Constituição Federal**. Revista Tributária e de Finanças Públicas, vol. 10, p. 190-204, jan.-mar. 1995. Para o autor,

abusivos devem ser coibidos pelo Estado e dois limites bem específicos para os atos de concorrência desleais existem em nosso país: os atos individuais e os atos coletivos[247].

a. Comportamentos

Os atos individuais de concorrência desleal estão previstos no artigo 195 da Lei de Propriedade Intelectual (Lei n. 9.279, de 14/05/1996), quais sejam: (a) publicar, por qualquer meio, falsa afirmação, em detrimento de concorrente, com o fim de obter vantagem; (b) prestar ou divulgar, acerca de concorrente, falsa informação, com o fim de obter vantagem; (c) empregar meio fraudulento, para desviar, em proveito próprio ou alheio, clientela de outrem; (d) usar expressão ou sinal de propaganda alheios, ou os imita, de modo a criar confusão entre os produtos ou estabelecimentos; (e) usar, indevidamente, nome comercial, título de estabelecimento ou insígnia alheios ou vende, expõe ou oferece à venda ou tem em estoque produto com essas referências; (f) substituir, pelo seu próprio nome ou razão social, em produto de outrem, o nome ou razão social deste, sem o seu consentimento; (g) atribuir-se, como meio de propaganda, recompensa ou distinção que não obteve; (h) vender ou expor ou oferecer à venda, em recipiente ou invólucro de outrem, produto adulterado ou falsificado, ou dele se utilizar para negociar com produto da mesma espécie, embora não adulterado ou falsificado, se o fato não constitui crime mais grave; (i) dar ou prometer dinheiro ou outra utilidade a empregado de concorrente, para que o empregado, faltando ao dever do emprego, lhe proporcione vantagem; (j) receber dinheiro ou outra utilidade, ou aceitar promessa de paga ou recompensa, para, faltando ao dever de empregado, proporcionar vantagem a concorrente do empregador; (l) divulgar, explorar ou utilizar-se, sem autorização, de conhecimentos, informações ou dados confidenciais, utilizáveis na indústria, comércio ou prestação de serviços, excluídos aqueles que sejam de conhecimento público ou que sejam evidentes para um técnico no assunto, a que teve acesso mediante relação contratual ou

---

que dá um parecer sobre uma prática de preço predatória (espécie de concorrência desleal), deve-se coibir qualquer ato que visa "...explorar uma posição dominante para prejudicar, excluir, disciplinar ou ferir concorrentes" (p. 193).

[247] Sobre essa distinção e sobre o histórico a respeito do tema no Brasil e no mundo, vide COMPARATO, Fábio Konder. **Concorrência desleal**. Doutrinas Essenciais de Direito Empresarial, Vol. 2, p. 913-921, dez. 2010.

empregatícia, mesmo após o término do contrato; (m) divulgar, explorar ou utilizar-se, sem autorização, de conhecimentos ou informações a que se refere o inciso anterior, obtidos por meios ilícitos ou a que teve acesso mediante fraude; (n) vender, expor ou oferecer à venda produto, declarando ser objeto de patente depositada, ou concedida, ou de desenho industrial registrado, que não o seja, ou menciona-o, em anúncio ou papel comercial, como depositado ou patenteado, ou registrado, sem o ser; e (o) divulgar, explorar ou utilizar-se, sem autorização, de resultados de testes ou outros dados não divulgados, cuja elaboração envolva esforço considerável e que tenham sido apresentados a entidades governamentais como condição para aprovar a comercialização de produtos.

Já os atos coletivos de concorrência desleal estão previstos no artigo 36 da Lei n. 12.529, de 30/11/2011, quais sejam: (a) limitar, falsear ou de qualquer forma prejudicar a livre concorrência ou a livre iniciativa; (b) dominar mercado relevante de bens ou serviços; (c) aumentar arbitrariamente os lucros; e (d) exercer de forma abusiva posição dominante. Vale lembrar a ressalva prevista no § 1º do mesmo artigo, segundo a qual a conquista de mercado resultante de processo natural fundado na maior eficiência de agente econômico em relação a seus competidores não caracteriza o referido ilícito de dominação de mercado. A Lei presume, no 2º desse mesmo artigo, que "posição dominante", ocorrerá sempre que uma empresa ou grupo de empresas for capaz de alterar unilateral ou coordenadamente as condições de mercado ou quando controlar 20% (vinte por cento) ou mais do mercado relevante, podendo este percentual ser alterado pelo CADE para setores específicos da economia. Já no § 3º desse mesmo artigo, há uma lista de condutas (não exaustiva) que qualificam infrações da ordem econômica, incluindo a prática de cartéis entre outras práticas ilícitas.

b. Concentrações

O Estado brasileiro também atua de forma preventiva para evitar negócios jurídicos associativos que resultem (ou possam resultar) em redução ou eliminação de concorrência. Em uma lógica mais preventiva, a Lei n. 12.529/2011 determina a submissão ao CADE de atos de concentração que possam levar a um comportamento cooperativo, controle do planejamento empresarial ou a um direcionamento econômico entre partes que se associam nas mais variadas modalidades contratuais. A preocupação da lei é com uma eventual alteração da estrutura de um determinado mercado, com a redução do número de seus participantes e a unificação e centralização do poder decisório, aumentando o poder de mercado de uma determinada empresa, potencialmente lesivo aos seus concorrentes e, indiretamente, a todos os consumidores desse mercado. Não se proíbem as concentrações, desde que seus motivadores e efeitos sejam legítimos e lícitos. Analisam-se, restringem-se ou até vetam-se aqueles que acabam por, ainda que potencialmente, reduzir ou eliminar a concorrência[248].

O artigo 88 dessa lei determina a submissão prévia ao CADE, pelas partes envolvidas na operação, os atos de concentração econômica em que, cumulativamente, apresentem os seguintes requisitos em suas condições econômicas: (a) pelo menos um dos grupos envolvidos na operação tenha registrado, no último balanço, faturamento bruto anual ou volume de negócios total no País, no ano anterior à operação, equivalente ou superior a R$ 400.000.000,00 (quatrocentos milhões de reais); e (b) pelo menos um outro grupo envolvido na operação tenha registrado, no último balanço, faturamento bruto anual ou volume de negócios total no País, no ano anterior à operação, equivalente ou superior a R$ 30.000.000,00 (trinta milhões de reais)[249].

Segundo o § 2º desse artigo, o processo de análise desse ato de concentração pelo CADE levará no máximo 240 (duzentos e quarenta) dias a partir da sua submissão, com a possibilidade de extensão por mais 90 (noventa) dias no caso de operações mais complexas, não podendo haver qualquer ato de consumação da operação em questão antes da aprovação do ato de concentração, tampouco mudanças nas condições de concorrência anteriores entre as empresas envolvidas, sob pena de aplicação das penalidades previstas no § 3º desse mesmo artigo lei.

O § 6º desse mesmo artigo permite a aprovação de certos atos de concentração quando se verificar que o mesmo levou a situações em que houve: (a) aumento de produtividade ou competitividade; (b) melhoria da qualidade de bens ou serviços; (c) eficiência e o desenvolvimento tecnológico

---

[248] Cf. CAMPOS, Aline França; e GONTIJO DE BRITO, Beatriz. **Ato de concentração para o Direito Empresarial e para o Direito da Concorrência: análise do artigo 88 da Lei n. 12.529/2011**. Revista de Direito Privado, vol. 68, p. 135-161, ago. 2016.

[249] De acordo com a Portaria Interministerial do CADE n. 994, de 30/05/2012, os referidos valores mínimos de faturamento bruto anual ou volume de negócios no país passaram a ser, respectivamente, R$ 750 milhões e R$ 75 milhões.

ou econômico; e (d) repasse de parte relevante dos benefícios decorrentes aos consumidores.

Já o artigo 90 dessa mesma lei tenta exemplificar as situações em que se configuram atos de concentração sob o ponto de vista concorrencial, ou seja, quando: (a) 2 (duas) ou mais empresas anteriormente independentes se fundem; (b) 1 (uma) ou mais empresas adquirem, direta ou indiretamente, por compra ou permuta de ações, quotas, títulos ou valores mobiliários conversíveis em ações, ou ativos, tangíveis ou intangíveis, por via contratual ou por qualquer outro meio ou forma, o controle ou partes de uma ou outras empresas; (c) 1 (uma) ou mais empresas incorporam outra ou outras empresas; ou (d) 2 (duas) ou mais empresas celebram contrato associativo, consórcio ou joint venture, hipóteses já comentadas em itens anteriores deste livro.

Parte 5
Momentos de crise ou de oportunidade?

*"It is about creating value
and not just knowing the law".*[250]

Vimos até o momento que Direito trabalha com a estabilidade das relações humanas por meio de diversos institutos que buscam conferir segurança jurídica para que possamos usufruir dos nossos direitos, estabelecer arranjos duradouros com outras pessoas e que conviver pacificamente em sociedade. É justamente nesse ambiente de confiança coletiva no qual o mundo empresarial se baseia para se expandir e se sofisticar, ultrapassando as fronteiras nacionais e tentando lidar, da melhor forma possível, com os eventos que possam repercutir negativamente em sua trajetória.

Tais eventos, que podem ter aspectos negativos ou até mesmo positivos, são chamados de "riscos" no conceito de COSO[251], podendo desviar a organização do seu planejamento original ou privando-a de alguma oportunidade futura. É fundamental ter uma postura dinâmica e proativa sobre o planejamento empresarial e uma apurada visão jurídica é essencial para a realização dos ajustes necessários no transcorrer do tempo. Vejamos os benefícios que uma boa gestão de riscos traz, conforme bem alerta COSO:

---

[250] "Trata-se de criar valor e não simplesmente conhecer da lei". Essa poderosa afirmação foi feita pelo Dr. Felix R. Ehrat, General Counsel da Novartis Ltd. durante o "Arbitration Forum" realizado nos dias 10 e 11/4/2018 na Cidade de St. Gallen, Suíça, organizado pela Law and Economics Foundation St. Gallen.

[251] *Committee of Sponsoring Organizations of the Treadway Commission*, cf. https://www.coso. org/Documents/2017-COSO-ERM-Integrating-with-Strategy-and-Performance-Executive-Summary.pdf, acesso em: 12/02/2018.

(a) aumento das oportunidades de negócio; (b) aumento no desempenho geral da organização; (c) redução dos problemas internos; (c) melhor identificação de riscos e de medidas para saná-los; (d) redução de desperdícios com despesas internas; (e) priorização na alocação de recursos; e (f) aumento da resiliência da organização.

Gerir riscos em uma organização não é função de um só departamento, de um grupo de pessoas específico ou simplesmente uma mera tarefa procedimental de listar esses tais "eventos". Tampouco essa função deve ser delegada unicamente a advogados, áreas de *compliance*[252], sistemas informatizados e áreas de análise de risco, muito menos a assessores terceirizados, podendo e devendo ser conduzida coletivamente dentro das organizações de forma estratégica, colegiada, consciente e aculturada, ainda mais em um país com um ambiente regulatório complexo e específico como o nosso. Todos em uma organização devem se tornar os "primeiros filtros jurídicos" em qualquer processo decisório, sempre alinhados com essa estratégia organizacional e gerindo os riscos da empresa da melhor forma possível e pensando: "temos que olhar os riscos, mas podemos encontrar também muitas oportunidades!".

Neste 5º capítulo vamos estudar alguns dos eventos que normalmente tiram o "foco" do empreendedor da sua trajetória de sucesso, normal-

---

[252] A expressão ganha gradativamente força em todas as organizações brasileiras, ainda mais após os inúmeros escândalos de corrupção que assolaram grandes empresas nacionais e que culminaram em prisões de altos executivos, tais como na famosa Ação Penal n. 470 ("Mensalão") e após a edição da Lei n. 12.846, de 1/8/2013, conhecida como "Lei Anticorrupção", que será comentada mais adiante. Trata-se de um "estado de conformidade" que a organização deve estar de acordo com o ordenamento jurídico, suas regras internas e, o mais importante, as expectativas de seus *stakeholders*, de forma a mitigar os seus diversos riscos aos quais está exposta, incluindo os legais, financeiros, gerenciais e reputacionais. *Compliance* tem uma finalidade preventiva, mas pode e deve ajudar também em medidas remediativas, sugerindo treinamentos, códigos de conduta, modelos de comunicação e integração internos, configurando verdadeiros programas (com diversas dimensões e temáticas) que devem ser seguidos e constantemente aprimorados pela organização. Ajudam na identificação de problemas, seu rápido saneamento e até mesmo na individualização de condutas. Sobre o tema vide LOBO DA COSTA, Helena Regina; e ARAÚJO, Marina Pinhão Coelho. **Compliance e o julgamento da APN 470**. Revista Brasileira de Ciências Criminais, vol. 106, p. 215-230, jan.-mar. 2015; TONIN, Alexandre Baraldi. **Compliance: uma visão do compliance como mitigação de responsabilidade**. Revista dos Tribunais, vol. 983, p. 265-288, set. 2017; e SAAD-DINIZ, Eduardo; e MARTINELLI, Sofia Bertolini. **Gatekeepers e soluções de compliance**. Revista dos Tribunais, vol. 979, p. 69-89, mai. 2017.

mente trazendo "dissabores" e demandando soluções jurídicas para saná--los. Ou melhor, como veremos, um bom empreendedor deverá saber se prevenir para evitar a ocorrência desses eventos com medidas mitigatórias, sempre quando possível. São verdadeiros desafios e oportunidades que surgem ao empreendedor para ajustar e corrigir rotas e retomar a sua trajetória de sucesso.

1. Os fatos da vida e suas repercussões na atividade empresarial

A única certeza da vida é que somos transitórios neste plano, ou seja, morreremos um dia. O ordenamento jurídico é um sistema tão perfeito que prevê tal situação, além de outras que vamos denominar carinhosamente de "fatos da vida", isto é, situações da nossa vida pessoal que possuem repercussão jurídica e que inevitavelmente acarretam efeitos na atividade empresarial. São tais eventos que iremos tratar neste item.

Em nosso país, um negócio jurídico é válido quando os seguintes requisitos estão presentes simultaneamente: (a) as suas partes são capazes; (b) seu objeto é lícito, possível ou ao menos determinável; e (c) a forma jurídica adotada ou é prevista pelo ordenamento jurídico ou não expressamente proibida pelo mesmo[253]. Os "fatos da vida", quando acontecem, podem fulminar justamente o primeiro desses requisitos, perturbando não só a validade desse negócio jurídico, mas também toda uma atividade empresarial que possa depender direta ou indiretamente do mesmo indivíduo afetado.

Em primeiro lugar, é fundamental esclarecer que o Direito brasileiro só nos permite exercer os atos da vida civil quando completamos 18 (dezoito) anos de idade ou quando somos emancipados[254]. Os artigos 4º e 1767 do CC/02 preveem a possibilidade da perda da chamada "capacidade jurídica" plena, por um processo de interdição, para aqueles que, por causa transitória ou permanente, não puderem exprimir sua vontade, para os ébrios habituais e os viciados em tóxico e para os pródigos, que passarão estar sujeitos à curatela[255-256]. Neste caso, os interditados passam a ter incapaci-

---

[253] Artigo 104 do CC/02.

[254] Artigo 5º do CC/02.

[255] Vide Lei n. 13.146, de 6/7/2015, que institui a Lei Brasileira de Inclusão da Pessoa com Deficiência (Estatuto da Pessoa com Deficiência).

[256] Vale mencionar que, de acordo com o artigo 4º, parágrafo único do CC/02, a capacidade dos indígenas será regulada por lei especial, que no caso é a Lei n. 6.001, de 19/12/1973, o chamado "Estatuto do Índio".

dade jurídica relativa, devendo ser assistidos para exercerem seus direitos. Já o fim da existência da pessoa natural dá-se com a sua morte, quando se abre a sua sucessão[257].

Outro evento que pode repercutir e muito em uma atividade empresarial é o casamento, cujo conceito previsto no artigo 1511 do CC/02 é tão amplo quanto "poderoso", qual seja: "...o casamento estabelece comunhão plena de vida, com base na igualdade de direitos e deveres dos cônjuges"[258]. Dependendo do regime de bens adotado (o padrão é o da comunhão parcial de bens[259]), a simples junção patrimonial dos cônjuges e o desenrolar da vida em comum mudarão as relações pessoais e patrimoniais de ambos não só entre si, mas perante terceiros[260]. Já a dissolução do casamento pode se dar de diversas formas, em especial pela morte de um dos cônjuges, pela nulidade ou anulação do casamento, pela separação judicial (suspensão provisória dos deveres de coabitação e de fidelidade recíproca entre os cônjuges, hoje situação não obrigatória para o divórcio) ou pelo divórcio direto (dissolução definitiva)[261].

Um terceiro evento muito importante na nossa vida pessoal é a filiação, que não pode ter qualquer tipo de discriminação, por exemplo filiação "dentro" versus "fora" do casamento e "biológica" versus "por adoção"[262]. Tal fato não só muda a ordem de sucessão hereditária de uma pessoa[263], mas também cria uma série de deveres para o detentor do poder familiar,

---

[257] Artigo 6º do CC/02.

[258] O mesmo comentário aplica-se às situações de união estável, conforme disposto nos artigos 226, § 3º da CF/88 e 1723 a 1727 do CC/02.

[259] Artigo 1640 do CC/02. De acordo com o artigo 1658 do CC/02, nesse regime comunicam-se os bens que sobrevierem ao casal, na constância do casamento, com algumas exceções previstas nos artigos 1659 e seguintes, quais sejam: (a) os bens que cada cônjuge possuir ao casar, e os que lhe sobrevierem, na constância do casamento, por doação ou sucessão, e os sub-rogados em seu lugar; (b) os bens adquiridos com valores exclusivamente pertencentes a um dos cônjuges em sub-rogação dos bens particulares; (c) as obrigações anteriores ao casamento; (d) as obrigações provenientes de atos ilícitos, salvo reversão em proveito do casal; (e) os bens de uso pessoal, os livros e instrumentos de profissão; (f) os proventos do trabalho pessoal de cada cônjuge; e (g) as pensões, meios-soldos, montepios e outras rendas semelhantes.

[260] Sobre os diversos efeitos do casamento, vide CASSETTARI, Christiano. **Elementos de Direito Civil**. 5ª ed. São Paulo: Saraiva Jur (ebook), 2017, p. 1064 e seguintes.

[261] Artigo 1571 do CC/02.

[262] Artigos 227, § 6º da CF/88 e 1596 a 1606 do CC/02.

[263] Artigo 1845 do CC/02 – "São herdeiros necessários os descendentes, os ascendentes e o cônjuge".

que passa a ter os seguintes "poderes-deveres" em relação aos filhos menores: (a) dirigir-lhes a criação e a educação; (b) exercer a guarda unilateral ou compartilhada; (c) conceder-lhes ou negar-lhes consentimento para casarem; (d) conceder-lhes ou negar-lhes consentimento para viajarem ao exterior; (e) conceder-lhes ou negar-lhes consentimento para mudarem sua residência permanente para outro Município; (d) nomear-lhes tutor por testamento ou documento autêntico, se o outro dos pais não lhe sobreviver, ou o sobrevivo não puder exercer o poder familiar; (e) representá-los judicial e extrajudicialmente até os 16 (dezesseis) anos, nos atos da vida civil, e assisti-los, após essa idade, nos atos em que forem partes, suprindo-lhes o consentimento; (f) reclamá-los de quem ilegalmente os detenha; e (g) exigir que lhes prestem obediência, respeito e os serviços próprios de sua idade e condição[264]. Além disso, quem vier a ter filhos deve arcar com a obrigação de pagar alimentos a eles até que eles atinjam a sua maioridade civil (ou completem seus estudos em nível superior), conforme disposto nos artigos 1694 e seguintes do CC/02, fixados sempre na proporção das necessidades de quem pede e das possibilidades dos recursos de quem paga esse valor[265].

São esses os "fatos da vida" que certamente vão ocorrer cedo ou tarde na vida de todos nós e que impactarão na atividade empresarial, ainda mais em empresas nitidamente familiares[266]. O Direito possui, como sistema, soluções jurídicas para cada um desses "riscos" que ele mapeou durante

---

[264] Artigo 1634 do CC/02.

[265] Vale lembrar que os alimentos não são só devidos para os filhos menores, sendo um direito recíproco entre pais e filhos e extensivos a todos os ascendentes (artigo 1696 do CC/02), podendo caber aos descendentes, aos irmãos e aos primos sucessivamente (artigo 1697 do CC/02).

[266] Empresas familiares normalmente possuem desafios importantes envolvendo o tema, tais como intensa intersecção entre as questões familiares e os assuntos da empresa (incluindo aspectos e conflitos pessoais), baixa meritocracia em decisões envolvendo familiares para posições gerenciais, baixa formalização e institucionalização de processos internos, confusão patrimonial entre bens sociais e bens particulares de sócios e administradores e muita concentração de poder (patriarca, matriarca ou grupos familiares blocados). Para uma discussão sobre as dificuldades de um processo de profissionalização e sucessão em empresas familiares, vide SANTOS, Ana Bárbara Moraes; e VIEGAS, Cláudia Mara de Almeida Rabelo. **Planejamento sucessório e societário: a** *holding* **familiar e a governança corporativa.** Revista dos Tribunais, vol. 988, p. 285-318, fev. 2018; e VIEGAS, Cláudia Mara de Almeida Rabelo; e BONFIN, Gabrielle Cristina Menezes Ferreira. **Governança corporativa nas empresas familiares: profissionalização da administração e viabilidade**

séculos e séculos de experiência da sociedade, mas ele nos deixa a possibilidade de regular parte desses efeitos, conforme a nossa própria vontade, por meio de arranjos contratuais. Podemos (aliás, devemos) programar várias das consequências desses "fatos da vida" utilizando mecanismos jurídicos à nossa disposição, dentre os quais podemos destacar 3 (três) muito empregados não só por empreendedores, senão vejamos.

O primeiro mecanismo é o pacto antenupcial, previsto nos artigos 1653 a 1657 do CC/02. Alterando o regime de bens legal padrão da comunhão parcial de bens, conforme visto, o pacto antenupcial deve ser realizado por escritura pública, anteceder o casamento, não pode conter dispositivos contrários à lei e deve ser registrado no Cartório de Registro de Imóveis do domicílio dos cônjuges para ter efeitos perante terceiros. Em regra, a disciplina do regime de bens do casamento é um direito que está dentro da nossa autonomia da vontade e deve ser considerada pelo empreendedor em seu planejamento.

O segundo instrumento é o testamento, que pode ser lavrado por qualquer pessoa capaz[267], interfere na chamada "sucessão legal", aquela prevista em lei e escolhida pelo Estado quando há a morte de uma pessoa. No testamento podemos dispor de todos os nossos bens ou de parte deles para depois de nossa morte, mas tal disposição não poderá afetar a parte reservada aos nossos herdeiros necessários (descendentes, ascendentes e cônjuge, a quem cabe metade dos bens da herança, quando eles existirem ao tempo da nossa morte). É importante lembrar que podemos alterar o teor do nosso testamento a qualquer tempo, sempre prevalecendo a nossa "última vontade".

O terceiro desses mecanismos são os acordos de sócios. O melhor exemplo é o acordo de acionistas, previsto no artigo 118 da LSA, que normalmente versa sobre situações envolvendo compra e venda de ações, direitos de preferências, exercício do direito a voto ou do poder de controle, muitas vezes disciplinando situações decorrentes desses "fatos da vida" ora em discussão. Tais acordos, alinhados com os documentos mencionados anteriormente, podem ajudar na boa condução de um bom planejamento

---

na implementação de planos jurídico-sucessórios. Revista de Direito Empresarial, vol .14, p. 73-91, mar.-abr. 2016.

[267] As disposições sobre testamento encontram-se previstas nos artigos 1857 e seguintes do CC/02.

sucessório em uma empresa familiar, por exemplo, diminuindo as perturbações que um evento "morte", "casamento" ou "divórcio" possa causar em uma atividade em andamento. Essa previsibilidade, quando não garantida pelo ordenamento jurídico, pode ser alcançada por mecanismos contratuais preventivos à nossa disposição. Mitigar riscos é uma obrigação do empreendedor e há instrumentos disponíveis para tanto.

2. As diversas formas de solução de controvérsias

Apesar do Direito buscar sempre a segurança nas relações, a realidade nos mostra que os conflitos fazem parte da natureza humana. Nossas necessidades são invariavelmente superiores aos nossos recursos e, na prática, o exercício dos nossos direitos acaba afetando os direitos de outras pessoas, levando a impasses e disputas sobre um mesmo "bem da vida". A quem pertence um determinado direito? Como atribuir algo a alguém? Direitos de propriedade são alocados pelo Estado também quando um juiz sentencia em um caso concreto ao distribuir a "Justiça" e solucionar uma controvérsia. Neste item, vamos discutir mais um "risco" muito comum nas organizações que são os litígios, que devem ser evitados (ou resolvidos) para que não contaminem o ambiente empresarial negativamente. Além disso, pode-se muito bem aprender com o conflito em situações futuras e é estratégico pensar nas formas de solução de controvérsias, transformando um atual problema em uma possível oportunidade futura.

a. A solução judicial

Levar uma controvérsia para ser resolvida junto ao Poder Judiciário é um direito de todos os brasileiros, conforme previsto no artigo 5º, inciso XXXV da CF/88, segundo o qual "a lei não excluirá da apreciação do Poder Judiciário lesão ou ameaça a direito". O chamado "princípio da inafastabilidade da apreciação pelo Poder Judiciário" é uma garantia constitucional de que teremos sempre o Estado à nossa disposição, como último recurso, para solucionar conflitos envolvendo os nossos direitos. Só se quisermos afastar a atuação do Poder Judiciário – e em situações específicas como veremos adiante – é que ele não atuará para essa função, sendo, portanto, a principal forma de solução de controvérsias à nossa disposição. A principal lei que rege o processo judicial em nosso país hoje é o Código de Processo Civil de 2015 (Lei n. 13.105, de 16/3/2015), tendo leis específicas (e procedimentos próprios) dependendo do ramo do direito em questão. Esse

Código traz, como princípios norteadores, os da cooperação, da boa-fé e da autonomia da vontade, buscando o efeito da desjudicialização, conforme amplamente discutido no livro. Há incentivos para que as partes, devidamente assistidas por profissionais com uma mentalidade não adversarial, possam chegar à solução de suas controvérsias utilizando o Poder Judiciário somente como forma excepcional e na medida do necessário, estimulando a autocomposição, como veremos mais adiante.

Dentre as vantagens que se colocam para a utilização da solução judicial como forma de solução de controvérsias destacam-se as seguintes: (a) trata-se de uma forma definitiva de solução de controvérsias, afinal o Estado é quem dá "a última palavra", a autoridade máxima em um Estado de Direito como o nosso; (b) só o Estado possui o chamado "poder de polícia", ou seja, só ele possui órgãos para tornar possível o cumprimento de suas decisões, com o emprego da força policial, se necessário; (c) o Estado atua em todos os assuntos previstos em lei, só podendo ser afastado em hipóteses específicas (também previstas em lei), mas sempre sendo o recurso utilizado quando essas hipóteses excepcionais não são formalmente observadas pelas partes; (d) trata-se de forma obrigatória quando envolver interesses de incapazes, vulneráveis e interesse público, nos quais a interferência do Estado, muitas vezes com a participação do Ministério Público, é mandatória; e (e) levar uma demanda ao Poder Judiciário pode ser estratégica caso você queira criar, com o julgamento, um precedente em um caso novo para uma situação futura, "marcando uma posição" no tempo e no espaço, evitando situações repetitivas no tempo ou testando uma nova lei ou interpretação sobre uma situação inédita para a qual um pronunciamento judicial é bem vindo para uma estabilização futura.

Já as desvantagens de se utilizar o Poder Judiciário refletem as suas ineficiências já mencionadas no Capítulo 1 do Livro, que ora relembramos e complementamos: (a) morosidade; (b) deficiência de recursos materiais e humanos; (c) má qualidade do direito processual e a aplicação de alguns princípios do direito brasileiro (muitas garantias processuais); (d) má relação entre os Poderes Executivo, Legislativo e Judiciário; (e) excesso de demanda judicial por parte do próprio Estado; (f) percepção de que magistrados não são rígidos para controlar técnicas protelatórias dos advogados; e (g) diversos problemas na gestão administrativa do Poder Judiciário[268].

---

[268] Cf. MARANHÃO, Juliano Souza de Albuquerque et al. (coord.). **Direito regulatório e concorrencial no Poder Judiciário**. São Paulo: Singular, 2014.

Além disso, para o mundo empresarial levar suas disputas para o Poder Judiciário traz dois inconvenientes adicionais que são a publicidade das discussões (segredo de justiça é exceção e não a regra em processos judiciais) e não especialização técnica dos juízes (em regra, eles são generalistas).[269]

b. A solução arbitral

A arbitragem é uma forma de solução de controvérsias bastante utilizada no mundo empresarial em razão de suas características. Regulada no Brasil pela Lei n. 9.307, de 23/09/1996, com uma significativa alteração promovida pela Lei n. 13.129, de 26/05/2015[270], a arbitragem não afasta por completo a atuação do Poder Judiciário, que pode sempre ser acionado em pelo menos duas situações: (a) para obtenção de medidas liminares ou urgentes em situações envolvendo ilegalidade ou descumprimento de formalidades do procedimento arbitral; ou (b) no caso de descumprimento voluntário da sentença arbitral pela parte vencida.

Seguem algumas características importantes da arbitragem: (a) só pessoas capazes podem utilizá-la; (b) ela só pode envolver litígios envolvendo direitos patrimoniais disponíveis; (c) as partes poderão escolher livremente as regras aplicáveis, desde que elas não violem os bons costumes e a ordem pública; (d) deve ser submetida por uma convenção de arbitragem por escrito (cláusula compromissória – antes do litígio; ou compromisso arbitral – depois do litígio); (e) arbitragem poderá se reportar a regras de alguma

---

[269] Há uma tendência de cooperação e de especialização no Poder Judiciário, para minimizar essa desvantagem, como no caso das Varas Especializadas em Direito Empresarial, como ocorre no Rio de Janeiro e em São Paulo. Juízes especializados em matéria empresarial poderiam ajudar a resolver, com mais tecnicidade e rapidez, questões complexas levadas ao seu conhecimento. Vide ROVAI, Armando Luiz; e PAPA, Amedeo. **Cooperação e especialização no Judiciário.** Valor Econômico, 1 e 2/2/2018, p. E2.

[270] Por esta alteração legal, passou-se, em especial: (a) a permitir à Administração Pública direta e indireta a utilização da arbitragem para dirimir conflitos relativos a direitos patrimoniais disponíveis: (b) a permitir que árbitros possam proferir sentenças parciais; (c) a permitir que as partes e os árbitros, desde que de comum acordo, possam prorrogar o prazo para proferir a sentença final; (d) a regular aspectos específicos no caso de concessão de medida cautelar ou de urgência; (e) a regular a chamada "carta arbitral", que serve para que um órgão do Poder Judiciário pratique ou determine o cumprimento de algum ato solicitado pelo árbitro; e (f) a possibilidade do direito de retirada de acionistas de uma sociedade anônima, quando da aprovação da inserção da convenção de arbitragem no estatuto social, mediante o reembolso do valor de suas ações, nos termos do art. 45 da LSA.

câmara arbitral; (f) pode ser árbitro qualquer pessoa capaz, normalmente especializado naquele assunto em discussão, e que tenha a confiança das partes, devendo ser imparcial e independente e ser sempre em número ímpar; (g) em regra é sigilosa; e (h) em regra tem seu procedimento com prazo determinado pelas partes.

Com relação às desvantagens da arbitragem, podemos enumerar as seguintes: (a) normalmente não é disponível para todos os tipos de disputa (só para direitos patrimoniais disponíveis); (b) pode ser considerada demasiadamente confidencial e, por exemplo, os próprios sócios podem não ter acesso às discussões e invariavelmente ao resultado do processo arbitral; (c) uma vez iniciado o processo arbitral, as partes podem se tornar verdadeiros "reféns" do próprio processo, não podendo procurar a tutela jurisdicional, exceto em caso de medidas liminares ou para executar a sentença arbitral que não for cumprida espontaneamente pela parte perdedora; (d) caso o número de árbitros disponíveis e aptos para julgar aquele litígio seja em menor número, pode ocorrer eventuais situações de conflito de interesses, até porque muitos deles podem ter tido ou até manter ainda relacionamento com as partes envolvidas e entre os próprios árbitros; (e) o procedimento em si pode ser demasiadamente custoso; (f) a sentença arbitral não é exequível automaticamente, demandando a atuação jurisdicional, se necessário; (g) os árbitros não podem conceder medidas liminares com coerção (poder de polícia) e, quando o fazem, dependem ainda da força estatal para o seu cumprimento efetivo; (h) a sentença arbitral pode ainda ser discutida judicialmente, em especial nos casos de nulidade procedimental; (i) há ainda resistências legais, sociais, culturais, econômicas e até políticas em muitos países, inclusive em países emergentes como o Brasil[271].

c. A mediação

Regulada pela Lei n. 13.140, de 26/6/2015, a mediação é um meio de solução de controvérsias bastante diferente da arbitragem, até porque o mediador não decide, só aproxima as partes em litígio para que elas possam encontrar a solução por si próprias. Pelo conceito do artigo 1º, parágrafo

---

[271] Destaca-se, no entanto, o crescimento da arbitragem para disputas empresariais comerciais, tal como detalhado na reportagem intitulada "Arbitragem ganha espaço para resolver conflitos de empresas", em Folha de São Paulo, 12/01/2015, p. B6, por Gilmara Santos.

primeiro da lei, mediação é a "... atividade técnica exercida por terceiro imparcial sem poder decisório, que, escolhido ou aceito pelas partes, as auxilia e estimula a identificar ou desenvolver soluções consensuais para a controvérsia". Ou seja, o mediador faz uma "ponte", ajuda as partes na construção dessa solução, usando uma série de técnicas de aproximação extremamente úteis em uma sociedade cada vez mais complexa e, logo, beligerante como a nossa.

A mediação é orientada por uma série de princípios, quais sejam: (a) imparcialidade do mediador; (b) isonomia entre as partes; (c) oralidade; (d) informalidade; (e) autonomia da vontade das partes; (f) busca do consenso; (g) confidencialidade; e (h) boa-fé. A cláusula de mediação pode estar prevista contratualmente, situação em que as partes deverão comparecer à primeira reunião de mediação, mas não há a obrigatoriedade de permanecer em procedimento de mediação posteriormente (ao contrário da arbitragem).

Dentre as características da mediação podemos listar os seguintes: (a) não é vinculativa, exceto para a primeira reunião; (b) só pode versar sobre direitos disponíveis ou sobre direitos indisponíveis que admitam transação (neste caso deve ser homologado em juízo após oitiva do Ministério Público); (c) pode versar sobre todo ou parte do conflito; (d) mediador será designado pelo tribunal ou escolhido pelas partes; (e) mediador conduzirá o procedimento de comunicação entre as partes e o objetivo será de obter entendimento, consenso e solução do conflito; (f) mediador deverá ser independente e imparcial em relação às partes, não podendo atuar depois para nenhuma das partes até um ano após o término da mediação; (g) mediação pode ser extrajudicial ou judicial (com os requisitos e procedimentos previstos em lei).

A mediação é muito recomendável para situações em que se quer manter a relação com a outra parte pós conflito, restaurando a confiança e o diálogo. Situações envolvendo empresas familiares, relações empresariais de longa data, ou outras estrategicamente interessantes em que o interesse seja outro além de simplesmente resolver a controvérsia e, sim, reconstruir a parceria com o outro lado, a mediação é uma excelente forma de resolver tal problema. No entanto, como visto, ela não tem a mesma forma coercitiva do Poder Judiciário ou da arbitragem, não tendo o terceiro poder decisório nem o procedimento é tão vinculativo assim às partes que aderiram à mediação. A mediação é, no fundo, uma tentativa intermediária, um passo para se tentar uma solução de um litígio, em uma escalada se custo e benefício dentro de uma estratégia que se trace.

d. *A negociação*

A negociação é a forma mais simples e corriqueira se resolver uma controvérsia, dispensando a presença de um terceiro. As partes tratam diretamente uma com a outra sobre suas diferenças e buscam uma auto-composição amigável. Essa forma de solução de controvérsias depende muito da postura das partes, do seu comportamento, tanto que o Direito brasileiro exige o dever da boa-fé durante todo esse processo, tal como previsto nos artigos 113[272], 187[273] e 422[274] do CC/02.

Deve-se tentar essa modalidade sempre que possível, até porque ela é a mais rápida e menos custosa de todas, além de ter como potencial benefício restaurar a relação atual e identificar pontos de melhoria para o futuro. Muitas vezes a negociação nos obriga a refletir sobre nossos próprios erros e deficiências, a uma autorreflexão para uma melhoria, nos deixando menos beligerantes e defensivos em uma relação. O exercício da negociação tem se mostrado na prática como muito benéfica não só para a solução de um conflito como também um mecanismo de autoavaliação em organizações que buscam sempre evoluir, reduzir riscos e aumentar a sua eficiência. Ela obriga a organização a se revisitar, a se reanalisar e a se aprimorar constantemente.

Vale destacar a criação do instituto "negócio jurídico processual" pelo CPC/15, previsto em seu artigo 190.[275] Trata-se de ferramenta de nego-

---

[272] "Art. 113. Os negócios jurídicos devem ser interpretados conforme a boa-fé e os usos do lugar de sua celebração".

[273] "Art. 187. Também comete ato ilícito o titular de um direito que, ao exercê-lo, excede manifestamente os limites impostos pelo seu fim econômico ou social, pela boa-fé ou pelos bons costumes."

[274] "Art. 422. Os contratantes são obrigados a guardar, assim na conclusão do contrato, como em sua execução, os princípios de probidade e boa-fé."

[275] "Art. 190. Versando o processo sobre direitos que admitam autocomposição, é lícito às partes plenamente capazes estipular mudanças no procedimento para ajustá-lo às especificidades da causa e convencionar sobre os seus ônus, poderes, faculdades e deveres processuais, antes ou durante o processo. Parágrafo único. De ofício ou a requerimento, o juiz controlará a validade das convenções previstas neste artigo, recusando-lhes aplicação somente nos casos de nulidade ou de inserção abusiva em contrato de adesão ou em que alguma parte se encontre em manifesta situação de vulnerabilidade". Sobre o tema, vide CABRAL, Antonio

ciação em casos de litígios, inclusive para criar instâncias obrigatórias de negociação antes de chegar ao processo judicial, como uma verdadeira escala previa ao interesse processual. Ou seja, evita-se chegar a um litígio antes de esgotadas as fases de negociação que podem ser previstas no negócio jurídico processual. A dúvida, a ser esclarecida pelos próprios tribunais quando da interpretação dos limites desse novo instituto, é qual é alcance da autonomia da vontade que temos para "desenhar" o rito processual que queremos e o quanto tal "desenho" pode impactar em interesses de terceiros e em regras cogentes (obrigatórias) processuais que não estão ao nosso dispor para negociarmos livremente.

3. Crimes e fraudes empresariais

Quando os controles informais e formais, tais como a família, a escola, o convívio social e o ambiente empresarial não funcionam em uma determinada sociedade, resta a mesma criminalizar determinadas condutas impondo severas sanções àqueles que as transgredirem, com finalidades repressiva e educativa. Trata-se de um duro (mas excepcional e residual) processo de conformação do indivíduo (e, como veremos, das organizações direta e indiretamente) a determinadas formas de comportamento desejáveis naquele momento da história. Trata-se de um processo dinâmico e diretamente ligado à cultura de um determinado país: o que hoje é um crime e punível, pode deixar de sê-lo amanhã e vice-versa[276].

O Brasil é repleto de leis penais, em especial com reflexos no mundo empresarial. Além de vários dispositivos previstos na própria CF/88 (ex. artigo 5º), a principal lei penal em nosso país é o Código Penal de 1940 (Decreto-Lei n. 2.848, de 7/12/1940), com suas diversas alterações posteriores. Para quem está estudando crimes pela primeira vez, é fundamental compreender alguns conceitos básicos importantíssimos:

---

do Passo; e NOGUEIRA, Pedro Henrique. **Negócios Processuais**. Salvador: JusPodivm, 2015. Os Professores Rosa e Nelson Nery chamam esse novo sistema processual de "autogerência parcial do processo", permitindo que as partes negociem certos procedimentos processuais que venham a vincular o juiz da causa, favorecendo uma eventual autocomposição da controvérsia. Cf. NERY, Rosa Maria de Andrade; e NERY Junior, Nelson. **Instituições de Direito Civil – Vol. III – Contratos**. São Paulo: RT, 2016, p. 503.

[276] Cf. REALE JUNIOR, Miguel. **Instituições de Direito Penal**. Rio de Janeiro: Forense, 2002, p. 3-11.

a) Em regra, só pessoas físicas podem cometer crimes. Há uma única exceção no Brasil em que pessoas jurídicas podem cometer crimes, que é no caso de crimes ambientais, conforme previsto nos artigos 225, 3º da CF/88[277] e artigo 3º, "caput" da Lei n. 9.605, de 12/02/1998[278];

b) O desconhecimento da lei penal é inescusável, ainda mais em um contexto empresarial qualificado em que as pessoas são bem informadas, graduadas e cientes de seus direitos e obrigações;

c) Só há crime e atribuição de uma pena, se uma lei anterior assim o definir (princípio da legalidade);

d) Ninguém pode ser punido por fato que lei posterior deixar de considerar como crime (se já estiver em cumprimento de pena, cessarão os seus efeitos);

e) Deve ser considerado o momento da ação ou da omissão para a caracterização do crime, ainda que o seu resultado ocorra em momento posterior;

f) Em regra, aplicam-se as regras do Direito brasileiro aos crimes praticados em território nacional;

g) Em regra, só deve responder por um crime quem lhe der causa por ação ou omissão (princípio da causalidade);

h) A omissão é punível quando o omitente tinha o dever e podia agir para evitar o resultado;

i) É punível tanto o crime consumado (todos os elementos de sua definição legal estão preenchidos) quanto a sua tentativa (sua execução é iniciada, mas sua consumação não ocorre por circunstâncias alheias à vontade do agente, neste caso com pena diminuída de um a dois terços);

j) Vários crimes (e respectivas penas) diferenciam-se em suas modalidades dolosa (agente quis o resultado intencionalmente ou assumiu o risco de produzí-lo) ou culposa (agente deu causa ao resultado por imprudência, negligência ou imperícia);

---

[277] Artigo, 225, § 3º – "As condutas e atividades consideradas lesivas ao meio ambiente sujeitarão os infratores, pessoas físicas ou jurídicas, a sanções penais e administrativas, independentemente da obrigação de reparar os danos causados."

[278] Art. 3º, "caput" – "As pessoas jurídicas serão responsabilizadas administrativa, civil e penalmente conforme o disposto nesta Lei, nos casos em que a infração seja cometida por decisão de seu representante legal ou contratual, ou de seu órgão colegiado, no interesse ou benefício da sua entidade".

k) Se o crime for cometido sob coação irresistível ou em estrita obediência a ordem, não manifestamente ilegal, de superior hierárquico, só é punível o autor da coação ou da ordem;

l) Não há crime quando o agente pratica o fato em: (i) em estado de necessidade; (ii) em legítima defesa; ou (iii) em estrito cumprimento de dever legal ou no exercício regular de direito;

m) São imputáveis penalmente os maiores de 18 anos e aqueles que não tiverem qualquer doença mental ou desenvolvimento mental incompleto ou retardado ao tempo da ação ou da omissão;

n) Não há pena de morte no Brasil (salvo em caso de guerra declarada), perpétua, trabalho forçado, banimento, cruéis, penas corporais, tortura ou tratamento desumano ou degradante de qualquer natureza. Em nosso país, só podem ser atribuídas penas de privação de liberdade, restritivas de direitos (prestação pecuniária, perda de bens e valores, limitação de fim de semana, prestação de serviço à comunidade ou a entidades públicas e interdição temporária de direitos) e multa;

o) o racismo é um crime inafiançável e imprescritível, sujeito à pena de reclusão;

p) as penas não passarão da pessoa do condenado, podendo a obrigação de reparar os danos e a decretação do perdimento de bens ser estendidas a seus sucessores até o limite dos bens transferidos;

q) a pena deverá ser cumprida em estabelecimentos prisionais distintos considerando a natureza do crime e a idade e o sexo do criminoso;

r) aos presos serão assegurados o respeito a sua integridade física e moral;

s) ninguém será processado senão pela autoridade competente, tampouco privado de sua liberdade ou de seus bens sem o devido processo legal, assegurados os direitos do contraditório e ampla defesa, além de todos os meios e recurso a eles inerentes. O réu só será considerado culpado após o trânsito em julgado da sentença penal condenatória (contra a qual não caberá mais recursos)[279];

t) não serão admitidas provas obtidas por meios ilícitos;

---

[279] A atual posição majoritária o STF é no sentido de que o réu, condenado em segunda instância, já poderá ser preso, ainda que caibam recursos contra a decisão condenatória.

u) Aos presos devem ser garantidos todos os demais direitos não atingidos pela perda da liberdade, respeitando a sua integridade física e moral. Eventual trabalho do preso deverá ser remunerado, garantidos os benefícios da Previdência Social;

v) A fixação da pena levará em consideração a culpabilidade, os antecedentes, a conduta social, a personalidade do agente, os motivos, as circunstâncias e as consequências do crime, bem como o comportamento da vítima, além das eventuais circunstâncias agravantes e atenuantes e do concurso de pessoas da situação concreta;

w) Em regra, as ações penais são públicas, ou seja, promovidas pelo Ministério Público. Excepcionalmente, ela será de iniciativa privada mediante queixa do ofendido ou de quem tenha qualidade para representa-lo; e

x) A prescrição penal regula-se pelo máximo da pena privativa de liberdade cominada ao crime, conforme relação listada no artigo 109 do Código Penal.

Os crimes podem ser das mais variadas categorias. No mundo empresarial, podemos destacar alguns mais frequentes com suas respectivas penas:

a) redução a condição análoga a de escravo – previsto no artigo 149 do Código Penal e normalmente evocado em situações trabalhistas mais graves, ele se refere a "...reduzir alguém a condição análoga à de escravo, quer submetendo-o a trabalhos forçados ou a jornada exaustiva, quer sujeitando-o a condições degradantes de trabalho, quer restringindo, por qualquer meio, sua locomoção em razão de dívida contraída com o empregador ou preposto". Pena para esse crime é de reclusão de dois a outo anos mais multa, além da pena corresponde a eventual violência empregada. O artigo equipara a essa situação quem cerceia o uso de qualquer meio de transporte por parte do trabalhador, com o fim de retê-lo no local de trabalho ou mantém vigilância ostensiva no local de trabalho ou se apodera de documentos ou objetos pessoais do trabalhados, com o mesmo fim;

b) tráfico de pessoas – previsto no artigo 149-A do Código Penal e na linha do item anterior, esse tipo penal trata do agenciamento, aliciamento, recrutamento, transporte, compra, alojamento ou acolhimento de pessoas, mediante grave ameaça, violência, coação, fraude ou abuso, para fins deste livro, com a finalidade de submetê-la a trabalho em condições análogas à de escravo ou a qualquer tipo de servidão. Pena é de reclusão de 4 a 8 anos mais multa;

c) violação de segredo profissional – tipificado no artigo 154 do Código Penal, refere-se à revelação, sem uma justa causa, de segredo de que se tem ciência em razão de uma função, ofício ou profissão e cuja revelação possa causar dano a alguém. A pena, neste caso, é de detenção e pode ser de três meses a um ano ou multa, mas depende de representação da pessoa física ou jurídica lesada;

d) invasão de dispositivo informático – incluído pela Lei n. 12.737, de 30/11/2012, a chamada "lei dos crimes informáticos", o artigo 154-A dispõe o seguinte: "...invadir dispositivo informático alheio, conectado ou não à rede de computadores, mediante violação indevida de mecanismo de segurança e com o fim de obter, adulterar ou destruir dados ou informações sem autorização expressa ou tácita do titular do dispositivo ou instalar vulnerabilidades para obter vantagem ilícita: pena – detenção, de 3 (três) meses a 1 (um) ano, e multa. O § 1º equipara a pena àquele que produz, oferece, distribui, vende ou difunde dispositivo ou programa de computador com o intuito de permitir a prática da referida conduta. Já o § 2º determina aumento dessa pena de um sexto a um terço, se da invasão resulta prejuízo econômico. O § 3º impõe, ainda, que, se da invasão resultar a obtenção de conteúdo de comunicações eletrônicas privadas, segredos comerciais ou industriais, informações sigilosas, assim definidas em lei, ou o controle remoto não autorizado do dispositivo invadido, a pena passa a ser de reclusão, de seis meses a dois anos, mais multa, se a conduta não constituir crime mais grave. A pena pode ter mais um aumento de um a dois terços se houver divulgação, comercialização ou transmissão a terceiro, a qualquer título, dos dados ou informações obtidas. A ação penal para esse crime se procede mediante representação;

e) apropriação indébita – previsto no artigo 168 do Código Penal, é crime se apropriar de qualquer coisa alheia móvel de que se tenha a posse ou a detenção, sob pena de reclusão de um a quatro anos mais multa. No mundo empresarial, tal risco é muito presente pois muitas atividades empresariais dependem do deposito e guarda de bens de terceiros. Outro crime próximo é o da apropriação indébita previdenciária tipificado no artigo 168-A do Código Penal, que é o de "...deixar de repassar à previdência social as contribuições recolhidas dos contribuintes, no prazo e forma legal ou convencional", sob pena de reclusão de 2 a 5 anos e multa;

f) estelionato – tipificado no artigo 171 do Código Penal, tal crime refere-se à obtenção, para si ou para outrem, de vantagem ilícita, em prejuízo alheio, induzindo ou mantendo alguém em erro, mediante artifício, ardil, ou qualquer outro meio fraudulento, sob pena de reclusão de um a cinco anos e multa. No mundo empresarial, por exemplo, equiparam-se a estelionatários aqueles que alienam ou oneram fraudulentamente coisa alheia como própria, alienam ou oneram fraudulentamente coisa própria ou que emitem cheques sem provisão de fundos. A emissão de duplicada fria (venda não realizada) simulada (venda não corresponde à realidade) é crime também, sob pena de detenção de dois a quatro anos, conforme disposto no artigo 172 do Código Penal, incorrendo na mesma pena quem falsificar ou adulterar a respectiva escrituração;

g) fraude no comércio – previsto no artigo 175 do Código Penal, esse crime consiste em enganar, no exercício de atividade comercial, o adquirente ou consumidor, seja vendendo, como verdadeira ou perfeita, mercadoria falsificada ou deteriorada, seja entregando uma mercadoria por outra, sob pena de detenção de seis meses a dois anos ou multa;

h) fraudes e abusos na fundação ou administração de sociedades por ações – o artigo 177 do Código Penal criminaliza a conduta de promoção de fundação de sociedade por ações fazendo falsa afirmação sobre a sua constituição ou ocultando fraudulentamente fato a ela relativo, sob pena de reclusão de um a quatro anos e multa. O § 1º desse artigo lista uma série de condutas de diretores, gerentes, fiscais e liquidantes dessas sociedades que podem incorrer nas mesmas penas;

i) receptação qualificada – o crime de receptação é tipificado no artigo 180 do Código Penal ("adquirir, receber, transportar, conduzir ou ocultar, em proveito próprio ou alheio, coisa que sabe ser produto de crime, ou influir para que terceiro, de boa-fé, a adquira, receba ou oculte"), cuja pena é de reclusão de um a quatro anos e multa. A receptação qualificada, prevista no § 1º desse mesmo artigo, aplicável ao mundo empresarial, refere-se à atividade de "...adquirir, receber, transportar, conduzir, ocultar, ter em depósito, desmontar,

montar, remontar, vender, expor à venda, ou de qualquer forma utilizar, em proveito próprio ou alheio, no exercício de atividade comercial ou industrial, coisa que deve saber ser produto de crime", cuja pena passa a maior (reclusão de três a oito anos mais multa). Neste caso, pratica o crime mesmo quem exerce atividade empresarial de forma irregular ou clandestina, mesmo em sua residência;

j) crimes contra a organização do trabalho – os artigos 197 a 207 do Código Penal tipificam uma série de crimes praticados dentro do ambiente trabalhista, invariavelmente envolvendo alguma forma de constrangimento e se valendo do poder diretivo do empregador e se valendo da vulnerabilidade do empregado, quais sejam: atentado contra a liberdade de trabalho; atentado contra a liberdade de contrato de trabalho e boicotagem violenta; atentado contra a liberdade de associação (sindical ou profissional); paralisação de trabalho, seguida de violência ou perturbação da ordem; paralisação de trabalho de interesse coletivo; invasão de estabelecimento industrial, comercial ou agrícola (sabotagem); frustração de direito assegurado por lei trabalhista; frustração de lei sobre a nacionalização do trabalho; exercício de atividade com infração de decisão administrativa; aliciamento para o fim de emigração; e aliciamento de trabalhadores de um local para outro de território nacional; e

l) crimes contra a Administração Pública – os artigos 328 a 337-A do Código Penal preveem uma série de crimes que particulares podem cometer contra a Administração Pública, quais sejam: (a) usurpação de função pública; (b) resistência a execução de ato legal; (c) desobediência a ordem de funcionário público; (d) desacato a funcionário público no exercício da sua função ou em razão dela; (e) tráfico de influência (para influenciar em ato praticado por funcionário público no exercício da função); (f) corrupção ativa (oferecer ou prometer vantagem indevida a funcionário público, para que ele pratique, omita ou retarde algum ato de ofício); (g) descaminho (iludir total ou parcialmente o pagamento de direito ou tributo devido pela entrada, saída ou consumo de alguma mercadoria); (h) contrabando (importar ou exportar mercadoria proibida por lei ou de forma clandestina sem registro, análise ou autorização de órgão público competente); (i) impedimento, perturbação ou fraude de concorrência; (j) inutilização de edital ou de sinal afixado por ordem de funcionário público; (m) subtração ou inutilização de livro ou documento público ou particular em uso pelo serviço público; e (n) sonegação de contribuição previdenciária.

Em leis esparsas, há diversos outros crimes relevantes ao mundo empresarial dignos de destaque:

a) crimes contra o mercado de capitais – artigos 27-C a 27-F da Lei n. 6.385, de 07/12/1976, incluindo os crimes de manipulação de mercado, uso de informação privilegiada (*insider trading*)[280]; e exercício irregular de cargo, profissão, atividade ou função;

b) crimes contra o sistema financeiro nacional – Lei n. 7.492, de 16/06/1986; e

c) crimes contra a ordem tributária e contra a economia e as relações de consumo – Lei n. 8.137, de 27/12/1990.

Por fim, vale um destaque importante sobre a Lei n. 12.846, de 1/8/2013, chamada por muitos de "Lei Anticorrupção".[281] Ela não é uma lei penal propriamente dita, mas dispõe sobre a responsabilização administrativa e civil de pessoas jurídicas pela prática de atos contra a administração pública, nacional ou estrangeira. Tal responsabilização não exclui eventual responsabilização penal individual de seus sócios e administradores a ser apurada separadamente, por isso tal lei tem uma finalidade indireta de combate à corrupção como um todo. Essa lei reforça alguns atos ilícitos que podem ser praticados nessa intensa e crescente relação entre o mundo privado e público, para intensificar a penalização aos atos que emanam de situações de improbidade administrativa decorrentes dessa relação ilícita que pode ocorrer.

---

[280] Vale destacar a edição da Lei nº 13.506, de 13/11/2017, que passou a criminalizar também a utilização indevida de informação relevante ainda não divulgada ao mercado, independentemente do dever de sigilo de quem o fizer ("tipper"). Ou seja, atualmente todos que negociem utilizando informação relevante ainda não divulgada ao mercado poderiam praticar tal ilícito, sendo a eventual violação do dever de sigilo causa de aumento da pena em até um terço (artigo 27-D, §1º), como no caso dos próprios administradores e sócios. Assim, essa nova tipificação do crime de "insider" em tese estende seus efeitos para profissionais como advogados, contadores e demais assessores e colaboradores que venham a ter acesso às referidas informações.

[281] Sobre o tema "corrupção" no Brasil e no mundo, vide LIVIANU, Roberto. **Corrupção**. 3ª ed. São Paulo: Quartier Latin, 2018.

4. A empresa em crise

Toda a atividade empresarial passará por alguma crise financeira, que poderá ser momentânea e, portanto, sanável. Tal crise pode, no entanto, se intensificar e não ser mais contornável por medidas unicamente gerenciais e financeiras. Para qualquer desses destinos o ordenamento jurídico tem soluções já desenhadas e que precisam ser conhecidas pelo empreendedor, até porque delas podem surgir, por que não, novas oportunidades. Empresas em crise podem, por exemplo, se valer do instituto da recuperação (judicial ou extrajudicial), podem pedir autofalência, podem passar por um processo de operação societária (como vimos em capítulo anterior), como podem ser dissolvidas por decisão dos próprios sócios ou forçadas por processos judiciais propostos por terceiros, como no caso de um pedido de falência. Tudo isso é possível, por isso é preciso conhecer um pouco cada um deles desde já e, se possível, antecipar-se aos riscos inerentes a cada um desses caminhos.

Antes de apresentarmos as "soluções jurídicas" para a crise empresarial, lembramos sempre da importância de sempre tentarmos as vias extrajudiciais para buscarmos o melhor entendimento, tais como corte de despesas, mudanças gerenciais e até mesmo renegociações contratuais, com ou sem substituição de garantias em vigor. Tente sempre alternativas menos onerosas e que não exponham a sua empresa juridicamente. Caso tais medidas não funcionem, aí sim passe a considerar os "remédios legais" que iremos comentar a seguir.

Notem, em primeiro lugar, que em todas as três alternativas que iremos discutir há uma clara preocupação do legislador em equilibrar os interesses do empreendedor com os dos seus credores, para que estes não venham a ser prejudicados ao longo dos respectivos procedimentos. Existe, por sinal, uma série de crimes falimentares que podem ocorrer nesse momento justamente para evitar abusos na condução desses processos[282].

A primeira alternativa que vamos estudar é a da dissolução da sociedade, que levará à extinção da sociedade ao final do processo. Ela pode ser iniciada, no caso das sociedades limitadas, por diversas motivações, tais como o vencimento do prazo de duração da sociedade, por consenso unânime dos sócios, por deliberação da maioria absoluta dos sócios na socie-

---

[282] Os crimes falimentares estão previstos nos artigos 168 e seguintes da Lei n. 10.101, de 9/2/2005.

dade por prazo indeterminado, pela falta de pluralidade de sócios se não recomposta em até 180 dias, por extinção de uma eventual autorização para funcionar, se for o caso, ou por outra forma prevista no contrato social[283]. Tal dissolução pode ser também judicial, a pedido de qualquer dos sócios, quando for anulada a constituição da sociedade ou exaurido o fim social ou verificada a sua inexequibilidade[284]. Deliberada a dissolução da sociedade, inicia-se o processo de liquidação da mesma a ser conduzido pelo liquidante, apurando o ativo, pagando o passivo e, se for o caso, devolvendo eventuais sobras aos sócios[285].

A segunda alternativa é pedir a autofalência, que não necessariamente levará ao encerramento da atividade empresarial, aliás remédio jurídico muito pouco utilizado no Brasil. Trata-se de uma verdadeira "saída honrosa" de uma empresa que está em grave crise financeira que se adianta a uma série de cobranças judiciais por parte de seus credores e inicia, ela própria, o processo de defesa do seu patrimônio para estabelecer um procedimento mais equânime de avaliação e pagamento dos passivos a partir daquele momento[286]. Os bens da empresa serão alienados e poderá haver a continuidade da atividade empresarial por parte dos seus adquirentes, mantendo assim os empregos e os contratos em andamento, minimizando eventuais perdas. A autofalência ajuda a preservar os ativos e os

---

[283] Artigos 1033 e 1035 do CC/02.

[284] Artigo 1034 do CC/02.

[285] Processo de dissolução e liquidação de uma sociedade anônima encontra-se previsto nos artigos 206 e seguintes da LSA.

[286] Artigo 105 da Lei n. 10.101, de 09/02/2005 – "O devedor em crise econômico-financeira que julgue não atender aos requisitos para pleitear sua recuperação judicial deverá requerer ao juízo sua falência, expondo as razões da impossibilidade de prosseguimento da atividade empresarial, acompanhadas dos seguintes documentos: I – demonstrações contábeis referentes aos 3 (três) últimos exercícios sociais e as levantadas especialmente para instruir o pedido, confeccionadas com estrita observância da legislação societária aplicável e compostas obrigatoriamente de: a) balanço patrimonial; b) demonstração de resultados acumulados; c) demonstração do resultado desde o último exercício social; d) relatório do fluxo de caixa; II – relação nominal dos credores, indicando endereço, importância, natureza e classificação dos respectivos créditos; III – relação dos bens e direitos que compõem o ativo, com a respectiva estimativa de valor e documentos comprobatórios de propriedade; IV – prova da condição de empresário, contrato social ou estatuto em vigor ou, se não houver, a indicação de todos os sócios, seus endereços e a relação de seus bens pessoais; V – os livros obrigatórios e documentos contábeis que lhe forem exigidos por lei; VI – relação de seus administradores nos últimos 5 (cinco) anos, com os respectivos endereços, suas funções e participação societária."

meios de produção da empresa, otimizando a sua utilização por parte do novo adquirente[287].

A terceira alternativa a ser estudada é o instituto da recuperação de empresas, trazido ao Brasil pela Lei n. 11.101, de 9/2/2005, reconhecendo a importância da atividade empresarial como polo gerador de riquezas e de empregos[288] e, portanto, merecedor de proteção do Estado quando passar por uma crise financeira momentânea e esta for sanável. Ou seja, o Estado passa a reconhecer que pode e deve ajudar no processo de recuperação de empresas consideradas "viáveis economicamente", deixando o destino da renegociação das dívidas (há exceções pontuais de passivos que não entram nessa renegociação)[289] nas mãos dos seus credores, só acompanhando o rito processual e coibindo eventuais abusos que possam acontecer de parte a parte. A recuperação pode ser judicial ou extrajudicial (esta negociada diretamente com seus credores e depois homologada pelo juiz)[290]. No primeiro caso, processado o pedido de recuperação judicial, a empresa devedora apresenta seu plano de recuperação que deverá ser discutido entre os credores (com as exceções, classes e procedimentos previstos na lei) e por eles aprovado em assembleia. Aprovado o plano, as dívidas anteriores serão renovadas e esse plano será ou não homologado pelo juiz para posterior cumprimento da empresa devedora. Em caso de não aprovação do plano pelos credores, a recuperação judicial converte-se em falência. O mesmo destino ocorrerá se o plano aprovado não for cumprido pela empresa devedora.

---

[287] Cf. MIGLIARI JÚNIOR, Arthur. **A autofalência como continuação dos negócios e a recuperação judicial suspensiva da falência, usada como forma de preservar a empresa** in FACHIN, Edson et al. (coord.). O moderno Direito Empresarial do século XXI (estudos em homenagem ao centenário do Professor Rubens Requião). Rio de Janeiro: GZ Editora, 2018, p. 35-54.

[288] Pode-se dizer que o "espírito" dessa lei encontra-se no artigo 47: "a recuperação judicial tem por objetivo viabilizar a superação da situação de crise econômico-financeira do devedor, a fim de permitir a manutenção da fonte produtora, do emprego dos trabalhadores e dos interesses dos credores, promovendo, assim, a preservação da empresa, sua função social e o estímulo à atividade econômica".

[289] Artigos 49 e 86, II da Lei n. 11.101/2005.

[290] Artigos 161 e seguintes da lei.

Breves Conclusões
por um ambiente empresarial mais seguro, previsível e íntegro

"Just as war is too important to leave to the generals, the legal dimensions of business are too important to leave to the lawyers. Legally astute entrepreneurs and managers understand that firms do not have legal issues; they have business issues whose resolution requires knowledge of the law".[291]

Vimos neste livro que o mundo empresarial e o Direito convergem para um objetivo em comum: previsibilidade e segurança. Há uma relação simbiótica entre eles. Ambos são desenvolvidos como sistemas em que as variáveis devem ser controláveis ao máximo, com soluções que busquem eficiência e que mantenham seus usuários devidamente incentivados e com as devidas restrições. A incerteza, complexidade e multidisciplinaridade que caracterizam o atual mundo moderno também influenciam o Direito[292],

---

[291] "Tal como a guerra é tão importante para ser deixada aos generais, os aspectos jurídicos dos negócios são importantes demais para serem deixados aos advogados. Empreendedores e administradores 'astutos juridicamente' compreendem que as empresas não possuem problemas jurídicos, mas problemas empresariais cuja resolução demanda conhecimento legal". BAGLEY, Constance E.; e DAUCHY, Craig E. The Entrepreneur's Guide to Law and Strategy. 5ª ed. EUA: Cengage, 2018, p. 8. Nessa obra, considerada um best-seller mundial sobre o tema, os autores valorizam o conhecimento do Direito não só para evitar problemas de cunho jurídico, mas também para criar opções, abandonar cursos de ação considerados inadequados, aumentar a previsibilidade, reforçar relacionamentos e capitalizar os recursos necessários à atividade empresarial, ajudando na captura de mais valor na organização. Trata-se, para eles, de uma "astúcia empresarial" ter tal conhecimento jurídico, contemplando atitudes valorativas, proativas, com julgamentos informados, com assessoria jurídica adequada e com integridade.

[292] Nesse sentido, vale mencionar a chamada "análise econômica do direito" ou "law and economics", que conjuga duas ciências específicas e complementares. Em nosso país, seus

levando a uma série de soluções próprias do Estado (regulação) e outras que podemos construir dentro de um espaço de autonomia que nos é garantido por lei (autorregulação). É nesse "espaço" que vamos empreender, construir a nossa atividade econômica, nos diferenciar, ganhar mercado, enfim, fazer a diferença.

Mas o Direito está aí também para coibir eventuais abusos e injustiças, protegendo vulneráveis e interesses maiores do que o meramente individual, seja limitando a nossa liberdade, seja atribuindo ao Estado poder para agir em determinadas situações. É nesse equilíbrio entre interesses individuais e público que entra o Direito para justamente dar essa estabilidade e esse norte para que possamos nos organizar pessoal e coletivamente da melhor forma possível.

Propusemos neste livro que todos nós temos um papel fundamental na construção dessa relação de confiança que caracteriza o nosso ambiente regulatório. Não adiantam as melhores leis, instituições, decisões judiciais e contratos se não assumirmos o papel de protagonistas, independentemente da nossa formação. Quem empreende, é sócio, administra, exerce cargo gerencial ou até mesmo trabalha em qualquer função em organizações precisa conhecer minimamente as principais regras e princípios jurídicos que caracterizam o ambiente regulatório brasileiro. Esse conhecimento deve ser assimilado, exercitado e constantemente atualizado porque todos somos verdadeiros "primeiros filtros jurídicos" em qualquer tomada de decisão, não importa a nossa "patente". Devemos sempre fazer a nossa "lição de casa jurídica"[293] antes de procurar qualquer advogado ou tutela

---

principais defensores são os Professores Rachel Sztajn, Jairo Saddi, Luciano Timm e Luciana Yeung. Enquanto a Economia é uma "... ferramenta poderosa para a análise de uma vasta gama de assuntos jurídicos" (POSNER, Richard A. **Economic analysis of law**. EUA: Aspen, 2007, p. 3), o "... Direito... deverá levar em conta os impactos econômicos que delas (regras de conduta) derivarão, os efeitos sobre a distribuição ou alocação dos recursos e os incentivos que influenciam o comportamento dos agentes privados" (ZYLBERZTAJN, Decio; SZTAJN, Rachel. **Análise econômica do direito e das organizações**. In: ZYLBERZTAJN, Decio; SZTAJN, Rachel (org.). Direito & Economia. Ed. São Paulo: Campus, 2005. p.3). Vide também POSNER, Richard A. **Para além do Direito**. São Paulo: Martins Fontes, 2009; e TIMM, Luciano Benetti (org.). **Direito e economia no Brasil**. 2ª ed. São Paulo: Atlas, 2014; e TIMM, Luciano Benetti. **Artigos e ensaios de Direito e Economia**. Rio de Janeiro: Lumen Juris, 2018.

[293] O uso de uma adequada assessoria jurídica é, atualmente, uma clara vantagem comparativa no mundo dos negócios. Mas todos nós, mesmo com formação jurídica, devemos fazer uma primeira reflexão jurídica sobre todos os problemas que enfrentamos antes de procurar

jurisdicional, antes de formular qualquer questão ao nosso assessor ou provocar a intervenção do Estado, antes de buscarmos respostas a perguntas ou soluções a problemas cujas dimensões nós mesmos podemos começar a visualizar. Precisamos aprender a fazer a pergunta certa!

Um segundo passo é nos comportarmos de acordo com essas regras, adotando esse "espírito jurídico". A chamada "integridade empresarial", tão falada no mundo dos negócios, nada mais é do que se comportar de acordo com o que se promete, uma verdadeira postura ética[294]. Essa nova ética mais "legalista" refere-se a um comportamento com uma "visão jurídica", justamente o que se propõe nesta conclusão. Todos somos exemplos de "regras vivas" para outras pessoas. Uma regra só é legitimada quando colocada à prova em situações reais em nossos comportamentos, quando uma lei é cumprida voluntariamente por nós e um "exemplo" automaticamente seguido pelos outros. Inspiramos pessoas quando temos uma visão jurídica e nos comportamos como tal.

A maturidade de todos os profissionais demanda essa evolução de raciocínio[295]. Esse amadurecimento na visão jurídica é fundamental para que a organização cresça de forma mais coesa e sustentável por meio de suas lideranças atuais e futuras. O mundo moderno já valoriza essa "ponte" entre

---

qualquer profissional da área. Esse exercício é muito salutar, além de ser educativo, produtivo e eficiente sob o ponto de vista econômico. O próprio relacionamento com o profissional da área jurídica será mais fértil. Sobre o tema vide Trautman, Lawrence T. et al. **Some key things U.S. entrepreneurs need to know about the law and the lawyers**. 46 Texas Journal of Business Law 155 (2016).

[294] Sobre o tema, vide Miceli da Silveira, Alexandre Di. **Ética Empresarial na Prática: soluções para gestão e governança no século XXI**. Rio de Janeiro: Alta Books (ebook), 2018. O autor, a maior autoridade em governança corporativa no Brasil na atualidade, trata da chamada "Ética Comportamental", tema espinhoso e fundamental em nosso país nos últimos tempos. Ele nos chama a atenção de que todos subestimamos o nosso próprio comportamento ético: a maioria das coisas erradas são feitas, por incrível que pareça, por pessoas boas, e que somente normas e controles não seriam suficientes para coibir a ocorrência tais práticas antiéticas no ambiente empresarial. Propósito, liderança e cultura, sim!

[295] Um bom sinal dessa evolução está na produção acadêmica mais recente ligada ao mundo do empreendedorismo. Diversas obras mais acadêmicas ou mais profissionais, no Brasil e no exterior, vêm se preocupando em estudar a interação construtiva entre os "mundos" jurídico e não jurídico, tais como Litan, Robert E.; e Luppino, Anthony J. **Law and Entrepreneurship**. EUA: Edward Elgar, 2013; e Júdice, Lucas Pimenta; e Nybo, Erik Fontenele. **Direito das Startups**. Curitiba: Juruá, 2016. Nota-se não só uma preocupação com relação a essa temática correlacionada, mas também com uma linguagem palatável a ambos os públicos-alvo.

o mundo jurídico e não jurídico, essa multidisciplinaridade tão saudável e tão esquecida muitas vezes. Mas ela precisa ser exercitada, aprimorada, valorizada nas escolas, nas organizações, nas instituições, na sociedade como um todo. Empresas mais longevas já perceberam quão estratégico é ter uma visão jurídica bem estabelecida em seus principais momentos e desafios históricos, para que sempre possa explorar melhor alternativas, superar adversidades e desenhar as melhores estratégias.

Enquanto o Direito e seus profissionais forem considerados como "um mal necessário" pelas organizações, não avançaremos nessas propostas[296]. Tampouco se trata de terceirizar tamanha responsabilidade[297]. Ter visão jurídica é um investimento pessoal seguro, ajuda a estabelecer estratégias mais concretas, a antecipar problemas e a resolvê-los de formas menos traumáticas, aliando legalidade com eficiência, poder com responsabilidade, criatividade com limites, autonomia privada com interesse público/função social. É nosso papel ajudar a construir esse ambiente favorável ao empreendedorismo de que tanto precisamos ao nosso país[298]!

---

[296] O mesmo esforço tem sido feito do outro "lado" também. O mundo jurídico, preso nas suas características peculiares, tem sido cada vez mais influenciado por escolas de negócio no exterior e no Brasil com projetos que propagam a multidisciplinaridade como forma de aliar dos dois universos. Vide SADDI, Jairo; SOARES DE CAMARGO, André Antunes (coord.). **Direito Empresarial Brasileiro: Avanços e Retrocessos – uma homenagem aos 15 anos do Insper Direito**. São Paulo: Almedina Brasil, 2014.

[297] Para Robert A. Baron, o empreendedor "eficiente" é aquele que, antes de desenvolver qualquer oportunidade de negócio, obtém todas as informações importantes que podem impactar positiva ou negativamente a sua ideia. Essa postura "cautelar" inclui a compreensão das principais normas legais aplicáveis ao seu empreendimento, seus riscos, custos, até porque não se pode alegar ignorância das mesmas na maioria dos países. Se necessário, deve se valer de especialistas para tanto. Mas ele faz uma alerta: por mais caro que seja aprender sobre essas regras, é mais barato do que simplesmente delegar tal custo totalmente para assessores. BARON, Robert A. **Essentials of Entrepreneurship: evidence and practice**. EUA: Edward Elgar, 2014, p. 115-116. Tal afirmação é muito real na prática, pois muitos empresários se colocam como vítimas, alegando que desconhecem as leis, que elas são confusas, que ninguém as cumpre, que as instituições não funcionam, terceirizando totalmente suas responsabilidades. As mazelas de um país como o nosso só aumentam com essa postura crítica e não construtiva, afinal o empresário, o sócio, o empreendedor, antes de mais nada, deve ser um exemplo de postura ética e de "filtro jurídico" para todos os seus *stakeholders*.

[298] Para Eric J. Gouvin, o empreendedorismo depende de um ambiente favorável que contenha instituições apropriadas e uma atitude cultural que o apoie. Ou seja, há um componente cultural que passa pela forma pela qual nós nos comportamos diante das regras do jogo, da forma pela qual as instituições funcionam e devem funcionar, aliado ao papel do Direito em

BREVES CONCLUSÕES

No fundo, no fundo, no fundo, todos somos os verdadeiros protagonistas para o aprimoramento e amadurecimento do nosso sistema jurídico. São as pessoas, em suas ações, omissões e exemplos, que materializam as normas jurídicas e conferem real sentido ao regramento das condutas humanas e ao estabelecimento de arranjos individuais e cujos efeitos são entre as partes e perante terceiros. Parece que, por diversos motivos, os brasileiros em geral perderam esse espírito construtivo e a esperança e a confiança de que cabem a eles, digo, a nós, exercer tal papel. Precisamos investir mais no Direito. Precisamos investir mais no nosso poder como protagonistas nessa importante relação de (re)construção de um ambiente de negócios saudável e que, inevitavelmente, ajudará na retomada de um país que nos orgulhe mais e mais.

Este livro é uma obra aberta, sujeita a constantes aperfeiçoamentos e atualizações, como esperamos que seja a sua mente e a sua formação. Sua empresa também é dinâmica e pode ganhar com uma nova, aprimorada e mais moderna visão jurídica: você! Vamos reduzir um pouco mais a distância que existe entre o mundo jurídico[299] e seu verdadeiro usuário. Segurança e previsibilidade só vão existir se os personagens dessa história se entenderem, confiarem um no outro, com um ambiente regulatório que possa funcionar com o menor custo de transação possível. Esperamos ter ajudado um pouco nesse sentido.

---

nosso país. GOUVIN, Eric J. **Of small business and entrepreneurs: toward a public policy that supports new venture formation** in LITAN, Robert E.; and LUPPINO, Anthony J. **Law and Entrepreneurship**. EUA: Edward Elgar, 2013, p. 103-123.

[299] Preso em demasia na busca dos chamados "... juízos 'verdadeiros' ou 'justos' (correctos), ou pelo menos 'defensáveis'...". ENGLISH, Karl. **Introdução ao pensamento jurídico**. 11ª ed. Lisboa: Fundação Calouste Gulbenkian, 2014, p. 8.

REFERÊNCIAS

ABRÃO, Carlos Henrique. **Empresa Individual**. 2ª ed. São Paulo: Atlas, 2015

ADENSOHN DE SOUZA, Daniel. **Proteção do nome de empresa no Brasil**. São Paulo: Saraiva, 2013.

ALBERGARIA, Bruno. **Instituições de Direito**. São Paulo: Atlas, 2008.

ALVES, Francisco de Assis. **Associações, Sociedades e Fundações no Código Civil de 2002 – Perfil e Adaptações**. 2ª ed. São Paulo: Juarez de Oliveira, 2005.

AMAD, Emir. **Contrato de desenvolvimento de** *software* **e suas peculiaridades** *in* PEREIRA JUNIOR, Antonio Jorge; e JABUR, Gilberto Haddad (coord.) **Direito dos Contratos II**. São Paulo: Quartier Latin: 2008.

AMADOR, Clarisse Pachedo. **O problema da morosidade no Judiciário**. Curitiba, Appris, 2016.

ARAGÃO, Alexandre Santos de (coord.) **O poder normativo das agências reguladoras**. 2ª ed. Rio de Janeiro: Forense, 2011.

ASCARELLI, Tullio. **Problemas das sociedades anônimas e direito comparado**. São Paulo: Bookseller, 2001 (1945).

ASSIS, Ana Elisa Spaolonzi Queiroz et al. **Noções gerais de direito e formação humanística**. 1ª ed. 3ª tir. São Paulo: Saraiva, 2012.

ÁVILA, Humberto. **Teoria da Segurança Jurídica**. 3ª ed. São Paulo: Malheiros, 2014.

AZEVEDO, Alvaro Villaça. **Teoria Geral dos Contratos Típicos e Atípicos**. 3ª ed. São Paulo: Atlas, 2009, p. 120-121.

BAGLEY, Constance E.; e DAUCHY, Craig E. **The Entrepreneur's Guide to Law and Strategy**. 5a. ed. EUA: Cengage, 2018

BAGNOLI, Vicente. **Direito Econômico e Concorrencial**. 7ª ed. São Paulo: Thomson Reuters/RT, 2017.

BANDEIRA DE MELLO, Celso Antonio. **O conteúdo jurídico do princípio a igualdade**. 3ª ed. 20ª tir. São Paulo: Malheiros, 2011.

BARON, Robert A. **Essentials of Entrepreneurship: evidence and practice**. EUA: Edward Elgar, 2014.

BARROSO, Luís Roberto. **A judicialização da vida e o papel do Supremo Tribunal Federal**. Belo Horizonte: Fórum, 2018.

BASTOS, Celso Ribeiro. **O princípio da livre concorrência na Constituição Federal**. Revista Tributária e de Finanças Públicas, vol. 10, p. 190-204, jan.--mar. 1995.

_____. **Curso de Direito Constitucional**. 22ª ed. São Paulo: Saraiva, 2001.

BECKER, Alfredo Augusto. **Carnaval Tributário.** 2ª ed. São Paulo: Lejus, 2004.

BEHRMAN, Sid. **The Lawyer joke book.** EUA: Barnes & Nobles, 1991.

BELEZAS, Fernando. *Crowdfunding*: **regime jurídico do financiamento colaborativo.** Portugal: Almedina, 2017

BEJNAMIN, Antonio Herman V. et al. **Manual de Direito do Consumidor.** 5ª ed. São Paulo: Thomson Reuters/RT, 2013

BERTONCELLO, Káren Rick Danilevicz. **Superenvidivamento do consumidor: mínimo existencial – casos concretos.** São Paulo: Thomson Reuters/RT: 2015

BINENBOJM, Gustavo. **Disposições de caráter geral sobre licitações e contratos na Lei das Estatais (Lei nº 13.303/2016)** *in* NORONHA, João Otávio de et al. (coord.) Estatuto Jurídico das Estatais – Análise da Lei nº 13.303/2016. Belo Horizonte, Fórum, 2017, p. 205-233

BIRD, Robert C. **Can law be a source of sustainable competitive advantage?** (2007), acesso em: 20/03/2018. Disponível em: https://ssrn.com/abstract=985704.

BITTENCOURT, Sidney. **Comentários à Lei de crimes contra o meio ambiente e suas infrações administrativas.** 4ª ed. São Paulo: Jhmizuno, 2016.

BLACK, Bernard S. **The Legal and Institutional Preconditions for Strong Securities Markets.** EUA: UCLA Law Review, v. 48, 2001, pp. 781-855.

BOBBIO, Norberto. **A Era dos Direitos.** São Paulo: Campus, 2004 (1992).

BONFÁ DE JESUS, Isabela. **Manual de Direito Tributário.** 2ª ed. São Paulo: RT, 2014

BORBA, José Edwaldo Tavares. **Das Debêntures.** Rio de Janeiro: Renovar, 2005.

BOTREL, Sérgio. **Fusões e Aquisições.** 4ª ed. São Paulo: Saraiva (ebook), 2016.

BRAGA NETTO, Felipe Peixoto. **Manual de Direito do Consumidor.** 10ª ed. Salvador: JusPodivm, 2015;

BRAIN. **O ambiente de negócios brasileiro: realidade e desafios.** São Paulo: Brain, 2014.

BRITCHAM BRASIL. **Doing Business in Brazil.** São Paulo: Britcham Brasil, 2005

BRUSCATO, Wilges Adriana. **Empresário Individual de Responsabilidade Limitada de acordo com o novo Código Civil.** São Paulo: Quartier Latin, 2012.

_____. **Empresa Individual de Responsabilidade Limitada – EIRELI – Comentários à Lei 12.441/2001.** São Paulo: Malheiros, 2016

BUCAR, Daniel. **Superendividamento – reabilitação patrimonial da pessoa humana.** São Paulo: Saraiva Jur, 2017.

BUENO, Eduardo. **Brasil: uma história – cinco séculos de um país em construção.** São Paulo: Leya, 2010.

CABRAL, Antonio do Passo; e NOGUEIRA, Pedro Henrique. **Negócios Processuais.** Salvador: JusPodivm, 2015.

CAMPINHO, Sérgio. **Curso de Sociedade Anônima.** Rio de Janeiro: Renovar, 2015.

CAMPOS, Aline França; e GONTIJO DE BRITO, Beatriz. **Ato de concentração para o Direito Empresarial e para o Direito da Concorrência: análise do artigo 88 da Lei n. 12.529/2011.** Revista de Direito Privado, vol. 68, p. 135-161, ago. 2016

CARDOSO, Paulo Leonardo Vilela. **O empresário de responsabilidade limitada.** São Paulo: Saraiva, 2012

CARVALHOSA, Modesto. Comentários à Lei das Sociedades Anônimas. 4. ed. São Paulo: Saraiva, v.1-4, 2009.

_____. **Sociedade holding – bens excluídos do giro dos seus negócios.** Doutrinas Essenciais de Direito Empresarial, Vol. 3, p. 251-254, dez. 2010.

REFERÊNCIAS

CASSETTARI, Christiano. **Elementos de Direito Civil**. 4ª ed. São Paulo: Saraiva, 2016.

CASSETTARI, Christiano. **Elementos de Direito Civil**. 5ª ed. São Paulo: Saraiva Jur (ebook), 2017.

CAVALIERI FILHO, Sérgio. **Programa de Direito do Consumidor**. 4ª ed. São Paulo: Atlas, 2014.

CAVALLI, Cássio. **Sociedades Limitadas – Regime de Circulação das Quotas**. São Paulo: RT, 2011.

CHAOIB JR., Amir. **Planejamento tributário para *startups* no Brasil** in REZENDE, Luiza (org.). Direito para Empreendedores. São Paulo: Évora, 2015, p. 43-60

COELHO, Fabio Ulhoa. **A sociedade limitada no Novo Código** Civil. São Paulo: Saraiva, 2003.

_____. **Curso de Direito Civil** – Contratos. 7ª ed. São Paulo: Saraiva, 2014.

_____. **As obrigações empresariais** *in* COELHO Ulhoa (coord.) Tratado de Direito Comercial – Vol. 5. São Paulo: Saraiva (ebook), 2015, p. 31-46.

_____. **Novo Manual de Direito Comercial – Direito de Empresa**. 29ª ed. São Paulo: Thomson Reuters/RT, 2017.

COMPARATO, Fábio Konder. **Concorrência desleal**. Doutrinas Essenciais de Direito Empresarial, Vol. 2, p. 913-921, dez. 2010.

COMPARATO, Fábio K.; SALOMÃO FILHO, Calixto. **O poder de controle na sociedade anônima**. 4.ed. Rio de Janeiro: Forense, 2005.

CORRÊA-LIMA, Osmar Brina. **Sociedade anônima**. 2.ed. Belo Horizonte: Del Rey, 2003.

_____. **Sociedade Limitada**. Rio de Janeiro: Forense, 2006.

COTRIM, Gilberto. **Direito fundamental – instituições de Direito Público** e Privado. 23ª ed. São Paulo: Saraiva, 2009.

DIAS DA SILVA, Paulo Ferreira. **A evolução da CVM e do conceito de valor mobiliário**. Revista de Direito Bancário e do Mercado de Capitais, vol. 67, p. 67-109, jan.-mar.2015.

DINIZ, Gustavo SAAD. **Direito das Fundações Privadas – Teoria Geral e Exercício de Atividades Econômicas**. 2ª ed. São Paulo: Síntese, 2003.

EDELMAN, Lauren B.; e SUCHMAN, Mark C. **The legal environments of organizations**. Annual Review of Sociology, agosto de 1997, Vol. 23, p. 479–515.

DE PLACIDO E SILVA. **Vocabulário Jurídico**. 31ª ed. Rio de Janeiro: Gen/Forense, 2014.

DEL MASSO, Fabiano. **Direito econômico esquematizado**. 3ª ed. São Paulo: Método, 2015.

DI PIETRO, Maria Sylvia Zanella. **Parcerias na Administração Pública – concessão, permissão, franquia, terceirização, parceria público-privada e outras formas**. 9ª ed. São Paulo: Atlas, 2012.

DINIZ, Gustavo Saad. **Subcapitalização Societária – financiamento e responsabilidade**. Belo Horizonte: Fórum, 2012.

DOS REIS, Henrique Marcello; e DOS REIS Claudia Nunes Pascon. **Direito para administradores – Vols. 1 e 2**. São Paulo: Thomson, 2003.

DOWER, Nelson Godoy Bassil et al. **Instituições de Direito Público e Privado**. 15ª ed. São Paulo: Saraiva, 2017.

EIZIRIK, Nelson. **A Lei das S/A Comentada**. Vols. I a III. São Paulo: Quartier Latin, 2011.

EIZIRIK, Nelson et al. **Mercado de Capitais – Regime Jurídico**. 2ª ed. Rio de Janeiro: Renovar: 2008.

FAORO, Raymundo. **Os donos do poder: formação do patronato político bra-**

sileiro. 5ª ed. 7ª reimpr. São Paulo: Biblioteca Azul: 2017.

FABRETTI, Laudio Camargo et al. **Direito empresarial para cursos de administração e ciências contábeis.** São Paulo: Atlas, 2015.

ENGLISH, Karl. **Introdução ao pensamento jurídico.** 11ª ed. Lisboa: Fundação Calouste Gulbenkian, 2014.

FAUSTO, Boris. **História do Brasil.** 2ª reimpr. São Paulo: Edusp, 2015.

FERREIRA, Olavo Augusto Vianna Alves; e MENDES, Márcia Cristina Sampaio (coord.) **Reforma trabalhista.** São Paulo: Migalhas, 2017.

FERREIRA DA ROCHA, Silvio Luis. **Contratos. Direito Civil 6.** São Paulo: Malheiros, 2015.

FIGUEIRA, JANAHIM DIAS; e BERNARDINO, Estevão Augusto. **Manual do Direito dos Investimentos Estrangeiros no Brasil.** Rio de Janeiro: Lumen Juris, 2013.

FILKELSTEIN, Maria Eugênia. **Manual de Direito Empresarial.** 8ª ed. São Paulo: Atlas, 2016.

FILOMENO, José Geraldo Brito. **Manual de Direitos do Consumidor.** 11 ed. São Paulo: Atlas, 2012.

FIORILLO, Celso Antonio Pacheco. **Curso de Direito Ambiental Brasileiro.** 17ª ed. São Paulo: Saraiva Jur, 2017.

FONTES FILHO, Joaquim Rubens; e LEAL, Ricardo Pereira Câmara (org.). **O futuro da governança corporativa – desafios e novas fronteiras.** São Paulo: St. Paul (ebook), 2013.

FORGIONI, Paula A. **Contratos Empresariais – teoria geral e aplicação.** São Paulo: RT, 2015.

FRANÇA, Pedro Arruda. **Contratos atípicos – legislação, doutrina e jurisprudência.** 4ª ed. Rio de Janeiro: Forense, 2006, p. 57-64.

FRAZÃO, Ana; GONÇALVES, OKSANDRO; e CAMINHA, Uinie (org.). **Associações: constituição, fundamentos e perspectivas.** Rio de Janeiro: Processo, 2017.

FREITAS, Bernardo Vianna; e VERSIANI, Fernanda Valle (coord.) **Fundos de Investimento – aspectos jurídicos, regulamentares e tributários.** São Paulo: Quartier Latin, 2015.

FREITAS, Ricardo de Santos. **Natureza Jurídica dos Fundos de Investimento.** São Paulo: Quartier Latin, 2006.

FURTADO, Celso. **Formação Econômica do Brasil.** 34ª ed. São Paulo: Cia. das Letras, 2007 (1967).

GAINO, Itamar. **Responsabilidade dos Sócios na Sociedade Limitada.** 3ª ed. São Paulo: Saraiva, 2012.

GARCIA, Gustavo Filipe Barbosa. **Manual de Direito do Trabalho.** São Paulo: Gen/Método, 2009.

GARCIA DO AMARAL, José Romeu. **Regime Jurídico das Debêntures.** 2ª ed. São Paulo: Almedina, 2016.

GILSON, Ronald. **Value Creation by business lawyers: legal skills and asset pricing.** The Yale Law Journal, Vol. 94, N. 2, Dec/1984, p. 239-312.

GOMES, Fábio Bellote. **Elementos de Direito Administrativo.** 2ª ed. São Paulo: Saraiva, 2012.

GOMES, Orlando. **Contratos.** 27ª ed. Rio de Janeiro: Forense, 2007.

GERMANOS, Paulo André Jorge (coordenador). **Segurança Jurídica.** São Paulo: Campus Jurídico, 2010.

GHIRARDI, José Garcez. **Narciso em sala de aula – novas formas de subjetividade e seus desafios para o ensino.** São Paulo: FGV Direito SP, 2016, p. 85-86. Disponível em: http://direitosp.fgv.br/sites/direitosp.fgv.br/files/narciso-em-sala-de-aula.pdf. Acesso em: 04/02/2018.

GILSON, Ronald J. **Value Creation by business lawyers: legal skills and asset** pricing. Yale Law School, vol. 94, 1984, p. 239-311.

GOMES, Laurentino. **1808**. 2ª ed., 16ª reimpr. São Paulo: Planeta, 2013.

GONÇALVES NETO, Alfredo de Assis (coord.). **Sociedades cooperativas**. São Paulo: Lex, 2018.

GOUVIN, Eric J. **Of small business and entrepreneurs: toward a public policy that supports new venture formation** in LITAN, Robert E.; and LUPPINO, Anthony J. **Law and Entrepreneurship**. EUA: Edward Elgar, 2013, p. 103-123.

GRAU, Eros Roberto. **A Ordem Econômica na Constituição de 1988**. 13ª ed. São Paulo: Malheiros, 2008.

GRAU, Eros Roberto. **Por que tenho medo dos juízes (a interpretação/aplicação do direito e os princípios)**. 6ª ed. São Paulo, Malheiros, 2013, p. 15.

GRAZZIOLI, AIRTON. **Fundações Privadas – das relações de poder à responsabilidade dos dirigentes**. São Paulo: Atlas, 2011.

GRAZZIOLI, AIRTON; e RAFAEL, EDSON JOSÉ. **Fundações Privadas – Doutrina e Prática**. São Paulo: Atlas, 2009.

GUERREIRO, José Alexandre Tavares. **Sociedade anônima: dos sistemas e modelos ao pragmatismo**. In: CASTRO, Rodrigo R. Monteiro de; e AZEVEDO, Luís André N. de Moura (org.). **Poder de controle e outros temas de Direito Societário e mercado de capitais**. São Paulo: Quartier Latin, 2010, pp. 19-28.

GRECO, Marco Aurélio. **Planejamento tributário**. 3ª ed. São Paulo: Dialética, 2011.

HART, Oliver; MOORE, John. **Foundations of Incomplete Contracts**. EUA: The Review of Economic Studies, v. 66, n. 1, Jan. 1999, pp. 115-138.

HOLANDA, Sérgio Buarque de. **Raízes do Brasil**. São Paulo: Ed. Companhia das Letras, 2016 (1936).

JÚDICE, Lucas Pimenta. **7 erros jurídicos que *startups* cometem: e podem pagar caro por isso**. *in* JÚDICE, Lucas Pimenta (coord.). Direito das Startups – Vol. II. Curitiba: Juruá, 2017, p. 277-285.

JÚDICE, LUCAS PIMENTA; e NYBO, Erik Fontenele. **Direito das Startups**. Curitiba: Juruá, 2016

KRAAKMAN, Reinier et al. **The Anatomy of Corporate Law: A Comparative and Functional Approach**. 3a. ed. EUA: Oxford University Press, 2017.

LAMOUNIER, Simon. **O império da lei: a visão dos advogados sobre a justiça brasileira**. São Paulo: Cia. Das Letras (ebook), 2016.

LAMY FILHO, Alfredo; PEDREIRA, José Luiz Bulhões (coord.). **Direito das Companhias**. Rio de Janeiro: Forense, 2009.

LAZZARESCHI NETO, Alfredo Sérgio. **Lei das Sociedades por Ações Anotada**. São Paulo: Saraiva, 2006.

LAZZARINI, Sérgio G. **Capitalismo de Laços**. São Paulo: Elsevier, 2011.

LEAL, João Carlos Leal. **Morosidade do Judiciário e os impactos na atividade empresarial**. Curitiba, CRV, 2015.

LIMA DE CARVALHO, TOMÁS; e PAZ, Leandro Alves. **A utilização estratégica do planejamento jurídico na organização e gestão do patrimônio familiar**. Revista de Direito Empresarial, vol. 11, p. 95-125, set.-out. 2015.

LITAN, Robert E.; and LUPPINO, Anthony J. **Law and Entrepreneurship**. EUA: Edward Elgar, 2013.

LIVIANU, Roberto. **Corrupção**. 3ª ed. São Paulo: Quartier Latin, 2018.

LOBO, Jorge. **Direito dos grupos de sociedades**. Revista dos Tribunais, Vol. 763, p. 22-46, maio 1999.

LOBO DA COSTA, Helena Regina; e ARAÚJO, Marina Pinhão Coelho. **Compliance e o julgamento da APN 470. Revista Brasileira de Ciências Criminais, vol. 106, p. 215-230, jan.-mar. 2015.

LUCENA, José Waldecy. **Das sociedades limitadas.** 5a ed. Rio de Janeiro: Renovar, 2013.

MAFFIOLETTI, Emanuelle Urbano. **As sociedades cooperativas e o regime jurídico concursal – a recuperação de empresas e falências, insolvência civil e a liquidação extrajudicial e a empresa** cooperativa. São Paulo: Almedina, 2015.

MACHADO, Hugo de Brito (coord.). **Planejamento tributário.** São Paulo: Malheiros, 2016.

MANKIW, N. GREGORY. **Introdução à Economia.** Trad. 6ª ed. São Paulo: Cengage: 2014, p. 256.

MARANHÃO, Juliano Souza de Albuquerque et al. (coord.). **Direito regulatório e concorrencial no Poder Judiciário.** São Paulo: Singular, 2014.

MARQUES, Cláudia Lima. **Contratos no Código de Defesa do Consumidor – o novo regime das relações contratuais.** 6ª ed. São Paulo: RT, 2011.

MARTINS, Fran. **Contratos e obrigações comerciais.** 17ª ed. Rio de Janeiro: Gen/ Forense (ebook), 2016, p. 190 a 215.

MARTINS, Sergio Pinto. **Instituições de Direito Público e Privado.** 14ª ed. São Paulo: Saraiva, 2014.

MARTINS DE CARVALHO, Mário Tavernard. **Regime Jurídico dos Fundos de Investimento.** São Paulo: Quartier Latin, 2012.

DA MATTA, Roberto. **O que faz o brasil, Brasil?** Rio de Janeiro: Rocco, 1984.

MAXIMILIAN, Paulo. **Contratos Bancários.** 4ª ed. Rio de Janeiro: Gen/ Forense, 2015.

MELLO, Pedro Carvalho de. **O B de BRICs.** São Paulo: St. Paul, 2012.

MICELI DA SILVEIRA, Alexandre Di. **Governança Corporativa – o essencial para líderes.** São Paulo: Elsevier (ebook), 2014.

_____. **Ética Empresarial na Prática: soluções para gestão e governança no século XXI.** Rio de Janeiro: Alta Books (ebook), 2018.

MICHELLI DE ALMEIDA, Marcus Elídius (coord.) **Aspectos jurídicos da sociedade limitada.** São Paulo: Quartier Latin, 2004.

MIGLIARI JÚNIOR, Arthur. **A autofalência como continuação dos negócios e a recuperação judicial suspensiva da falência, usada como forma de preservar a empresa** in FACHIN, Edson et al. (coord.). O moderno Direito Empresarial do século XXI (estudos em homenagem ao centenário do Professor Rubens Requião). Rio de Janeiro: GZ Editora, 2018, p. 35-54.

MIRAGEM, Bruno. **Direito Bancário.** São Paulo: RT, 2013.

NASCIMENTO, Amauri Mascaro. **Direito Contemporâneo do Trabalho.** São Paulo: Saraiva, 2012.

NASCIMENTO, Mascaro Amauri; NASCIMENTO, Sônia Mascaro. **Curso de Direito do Trabalho.** 29ª edição. São Paulo: Saraiva, 2014.

NERY, Rosa Maria de Andrade. NERY JUNIOR, Nelson. **Instituições de Direito Civil, v. III, Contrato.** 2016. São Paulo: RT, 2016.

NUNES, Rizzatto. **Curso de Direito do Consumidor.** 8ª ed. São Paulo: Saraiva, 2013.

_____. **Era do Consumo.** São Paulo: Migalhas, 2016.

_____. **Manual de Introdução ao Estudo do Direito.** 13ª ed. São Paulo: Saraiva, 2016.

OLIVEIRA, Matheus. **Lei nº 8.666/93 – licitações e contratos administrativos.** Rio de Janeiro: Elsevier, 2014.

REFERÊNCIAS

OPICE BLUM, Renato; e ELIAS, Paulo Sá. **O consumidor do século XXI**. Revista do Advogado nº 114, 2011, p. 103-118.

PAES, José Eduardo Sabo. **Fundações, Associações e Entidades e Interesse Social**. 9ª ed. Rio de Janeiro: Forense, 2017.

PAESANI, Liliana Minardi. **Manual de Propriedade Intelectual**. São Paulo, Atlas, 2012.

PAESANI, Liliana Minardi; e NABAIS DA FURRIELA, Manuel. **Direito para cursos jurídicos e não jurídicos**. São Paulo: Saraiva, 2010.

PEREIRA, César A. Guimarães. **Processo licitatório das empresas estatais: finalidades, princípios e disposições gerais** in JUSTEN FILHO, Marçal (org.). Estatuto Jurídico das Empresa Estatais. São Paulo: RT, 2016, p. 327-352.

PETIT, Francesc. **Marca e seus personagens**. São Paulo: Futura: 2003.

POLONIO, Wilson Alves. **Manual das Sociedades Cooperativas**. 4ª ed. São Paulo: Atlas, 2004.

POSNER, Richard A. **Economic analysis of law**. EUA: Aspen, 2007.

_____. **Para além do Direito**. São Paulo: Martins Fontes, 2009.

REALE, Miguel. **Lições preliminares de Direito**. 27ª ed. São Paulo: Saraiva (ebook), 2002.

REALE JUNIOR, Miguel. **Instituições de Direito Penal**. Rio de Janeiro: Forense, 2002.

REBOUÇAS, Rodrigo Fernandes. **Autonomia privada e análise econômica do contrato**. São Paulo: Almedina, 2017.

REGO, Anna Ligia Costa. **Confiança & Investimento Estrangeiro – Uma análise do ambiente jurídico brasileiro**. São Paulo: Singular, 2013.

RESENDE, Ricardo. **Direito do Trabalho Esquematizado**. 6ª ed. São Paulo: Gen/Metodo, 2016

ROCHA, Thelma; GOLDSCHMIDT, Andrea (Coords.) **Gestão dos Stakeholders**. São Paulo: Saraiva, 2012.

RODRIGUES, Marcelo Abelha. **Direito Ambiental Esquematizado**. 4ª ed. São Paulo: Saraiva Jus, 2017.

SAAD-DINIZ, Eduardo; e MARTINELLI, Sofia Bertolini. **Gatekeepers e soluções de compliance**. Revista dos Tribunais, vol. 979, p. 69-89, mai. 2017.

SACRAMONE, Marcelo Barbosa. **Administradores de Sociedades Anônimas**. São Paulo: Almedina Brasil, 2015.

SADDI, Jairo. **Temas de Regulação Financeira**. São Paulo: Quartier Latin, 2010.

SADDI, Jairo; SOARES DE CAMARGO, André Antunes (coord.). **Direito Empresarial Brasileiro: Avanços e Retrocessos – uma homenagem aos 15 anos do Insper Direito**. São Paulo: Almedina Brasil, 2014.

SADDI, Jairo; PINHEIRO, Armando Castelar. **Direito, Economia e Mercados**. Rio de Janeiro: Elsevier/Campus, 2005.

SALOMÃO NETO, Eduardo. **Direito Bancário**. 2ª ed. São Paulo: Atlas, 2014.

SANTOS, Ana Bárbara Moraes; e VIEGAS, Cláudia Mara de Almeida Rabelo. **Planejamento sucessório e societário: a holding familiar e a governança corporativa**. Revista dos Tribunais, vol. 988, p. 285-318, fev. 2018.

SANTOS, Cleônimo dos. **Simples Nacional**. 4ª ed. São Paulo: IOB-Sage, 2016.

SANTOS, Keila dos; e LOPES, Alan Moreira. **Canvas jurídico para startups: ferramenta de planejamento jurídico** in TEIXEIRA, Tarcísio; e LOPES, Alan Moreira (coord.). Startups e Inovação: direito no empreendedorismo. São Paulo: Manole, p. 91-98.

SCHMITT, Cristiano Heineck. **Consumidores hipervulneráveis – a proteção do idoso no mercado de consumo**. São Paulo: Atlas, 2014.

SHINGAKI, Mário. **Gestão de impostos para pessoas físicas e jurídicas**. 8ª ed. São Paulo: St. Paul, 2012.

SELIGMAN, Milton; e MELLO, Fernando (org.). **Lobby desvendado: democracia, políticas públicas e corrupção no Brasil contemporâneo**. Rio de Janeiro: Record, 2018.

SILVEIRA, Fabiana Rodrigues. **A morosidade no Poder Judiciário e seus reflexos econômicos**. Porto Alegre: Sergio Antonio Fabris, 2007.

SILVEIRA, Newton. **Propriedade Intelectual**. São Paulo: Manole, 2011.

SIRVINSKAS, Luís Paulo. **Manual de Direito Ambiental**. 15ª ed. São Paulo: Saraiva Jur, 2017.

SOARES DE CAMARGO, André Antunes. **Transações entre Partes Relacionadas – um desafio regulatório complexo e multidisciplinar**. 3ª ed. São Paulo: Almedina, 2016.

SZTAJN, Rachel. **Sistema financeiro – entre estabilidade e risco**. Rio de Janeiro: Campus Jurídico, 2010.

SUNFELD, Carlos Ari. **Fundamentos de Direto Público**. 4ª ed. São Paulo: Malheiros, 2005.

STRENGER, Irineu. **Marcas e Patentes**. Rio de Janeiro: Forense, 1996.

TAMBURUS, Michelli Denardi. **Alcance do plano de recuperação judicial de empresas que integram grupo econômico empresarial**. Revista de Direito Recuperacional e Empresa, vol. 5, 2017, jul. -set. 2017.

TAVARES, André Ramos. **Direito Constitucional da Empresa**. São Paulo: Gen/Método, 2013.

TEIXEIRA, João Alberto Borges. **Holding Familiar. Tipo societário e seu regime de tributação**. Revista Tributária e de Finanças Públicas, vol. 85, p. 234-247, mar.-abr. 2009.

TEIXEIRA, João Victor Olmos Aleixo; e PRIETO DE AZEVEDO, Charles. **O mercado de capitais como incentivador das práticas de governança corporativa e compliance nas empresas brasileiras**. Revista de Direito Bancário e do Mercado de Capitais, Vol. 76, p. 73-96, abr.-jun. 2017.

TEIXEIRA, Wendel de Brito Lemos. **Manual das Associações Civis**. 2a. ed. Belo Horizonte: Del Rey, 2014.

TIMM, Luciano Benetti (org.). **Direito e economia no Brasil**. 2ª ed. São Paulo: Atlas, 2014.

TIMM, Luciano Benetti. **Artigos e ensaios de Direito e Economia**. Rio de Janeiro: Lumen Juris, 2018.

TONIN, Alexandre Baraldi. **Compliance: uma visão do compliance como mitigação de responsabilidade**. Revista dos Tribunais, vol. 983, p. 265-288, set. 2017.

TÔRRES, Heleno Taveira. **Segurança Jurídica Judicial em Matéria Tributária e Consequencialismo** in ROCHA, Valdir de Oliveira (coord.) Grandes Questões Atuais de Direito Tributário. 15º vol. São Paulo, Dialética, 2011, p. 101-124.

TRAVASSOS, Marcela Maffei Quadra. **Empresa Individual de Responsabilidade Limitada (EIRELI)**. Rio de Janeiro: Renovar, 2015.

TZIRULNIK, Luiz. **Empresas & Empresários no novo Código Civil – Lei nº 10.406, de 10.0.2002**. São Paulo: RT, 2003.

TRAUTMAN, Lawrence T. et al. **Some key things U.S. entrepreneurs need to know about the law and the lawyers**. 46 Texas Journal of Business Law 155 (2016).

TRUBILHANO, Fabio; HENRIQUES, Antonio. **Linguagem jurídica e argumentação – teoria e prática**. 5ª ed. São Paulo: Gen/Atlas, 2017.

VERÇOSA, Haroldo M. D. **Contratos mercantis e a teoria geral dos contratos – o Código Civil de 2002 e a crise do contrato**. São Paulo: Quartier Latin, 2010.

VIDO, Elisabete. **Curso de Direito Empresarial**. 5ª ed. São Paulo: Thomson Reuters, 2017.

VIEGAS, Cláudia Mara de Almeida Rabelo; e BONFIN, Gabrielle Cristina Menezes Ferreira. **Governança corporativa nas empresas familiares: profissionalização da administração e viabilidade na implementação de planos jurídico-sucessórios**. Revista de Direito Empresarial, vol .14, p. 73-91, mar.-abr. 2016.

VIEIRA VON ADAMEK, Marcelo. **Responsabilidade civil dos administradores de S/A e as ações correlatas**. São Paulo: Saraiva, 2009.

YAMASHITA, Hugo Tubone. **Contratos interempresariais – alteração superveniente das circunstâncias fáticas e revisão contratual**. Curitiba: Juruá, 2015.

ZILVETI, Fernando Aurelio. **A evolução histórica da teoria da tributação**. São Paulo: Saraiva, 2017.

WALD, Arnold et al (coord.). **Sociedades anônimas e mercado de capitais: homenagem ao Prof. Osmar Brina Corrêa-Lima**. São Paulo: Quartier Latin, 2011.

WANDERER, Bertrand. **Lesão e onerosidade excessiva nos contratos empresariais** *in* COELHO Ulhoa (coord.) **Tratado de Direito Comercial – Vol. 5**. São Paulo: Saraiva (ebook), 2015, p. 285-336.

WATANABE, Marilda. **Manual de Direito para iniciantes no estudo do Direito**. 2ª ed. São Paulo: St. Paul, 2012.

WONG, Robert. **O sucesso está no equilíbrio**. São Paulo: Trevisan, 2018.

ZYLBERZTAJN, Decio; SZTAJN, Rachel. **Análise econômica do direito e das organizações**. In: ZYLBERZTAJN, Decio; SZTAJN, Rachel (org.). Direito & Economia. Ed. São Paulo: Campus, 2005, p. 1-15.

ÍNDICE

INTRODUÇÃO – Desafiando os desafios   19

PARTE 1 – AMBIENTE EMPRESARIAL BRASILEIRO E A SUA REGULAÇÃO   29

PARTE 2 – INÍCIO E ESTRUTURAÇÃO DAS ATIVIDADES   51

PARTE 3 – OS PRINCIPAIS *STAKEHOLDERS* DA ATIVIDADE EMPRESARIAL   77

PARTE 4 – A EXPANSÃO DA ATIVIDADE EMPRESARIAL   117

PARTE 5 – MOMENTOS DE CRISE OU DE OPORTUNIDADE?   143

BREVES CONCLUSÕES – por um ambiente empresarial mais seguro, previsível e íntegro   167

REFERÊNCIAS   173